中國浦東幹部學院
CHINA EXECUTIVE LEADERSHIP ACADEMY.PUDONG

　　中国浦东干部学院（CELAP）是一所国家级干部教育院校。学院以提高执政能力、保持和发展党的先进性为培训目的，以改革开放走中国特色社会主义道路的时代精神为教学主线，以国际性、时代性、开放性为办学特色，以提升全面建成小康社会的领导能力和执政能力为培训重点。

新世纪
学术文库

楚天骄 著

促进跨国公司研发机构与本土互动及技术扩散研究

中国法制出版社
CHINA LEGAL PUBLISHING HOUSE

总　序

　　中国浦东干部学院（CHINA EXECUTIVE LEADERSHIP ACADEMY. PUDONG，CELAP）是一所国家级干部教育院校。习近平同志要求中国浦东干部学院"要按照国际性、时代性和开放性要求，在帮助学员树立国际视野、提高执政能力方面更有特色"，使学院努力成为"具有国际性、时代性、开放性特点的新型干部教育培训基地和开展国际培训交流合作的窗口"。学院积极探索、大胆创新，富有特色地开展干部培训，初步形成了以提高执政能力、保持和发展党的先进性为培训目的，以改革开放走中国特色社会主义道路的时代精神为教学主线，以国际性、时代性、开放性为办学特色，以提升全面建成小康社会的领导能力和执政能力为培训重点，围绕中国特色新型工业化、信息化、城镇化和农业现代化讲新理论、新知识、新实践的干部教育的"浦东模式"。创办十多年以来，学院为国内培训了近十万名各级各类干部，为世界上一百二十多个国家培训过党派领袖、政府官员和企业高管，从而在国家级干部教育培训格局中发挥着不可替代的独特作用，得到广大干部的好评和世界各国的广泛认可。

　　学院吸引和汇聚了一批优秀的教师，他们当中既有海外学成归来的学子，也有来自国内著名高校、科研机构的青年才俊。

几年来，他们秉持服务于中华民族伟大复兴事业的使命感和责任感，凭着火热的创业激情和渊博的学识，以及对干部教育培训事业的执着和热爱，默默耕耘和奉献，在高质量完成了教学任务的同时，笔耕不辍，在自己所属的学科领域精心耕耘，取得了累累硕果。他们近年来的学术研究通过对中国乃至世界范围内现实问题的追踪，深入探讨理论前沿问题，及时总结实践领域有益的经验，为中国干部教育培训提供了许多鲜活的教材，并为探索中国未来发展之路提供了有益的借鉴和启示。

学院组编出版过"中浦院书系"（四十余本）、"博士文库"（十余本），还有众多案例集和个人专著。此次编辑出版的"新世纪学术文库"是中国浦东干部学院教师近年来学术成果的又一次集体展示，是体现学院办学特色的学术成果集结。文库围绕改革开放进程中的重大理论与现实问题，集中反映了中国经济和社会发展的新理论、新知识和新实践。文库涉及中国特色社会主义理论、政府职能转型与社会发展、经济全球化与对外开放、领导力提升与建设、公共突发事件案例研究等理论前沿与社会热点问题。这些成果为探讨中国社会在新的历史时期政治、经济、社会、文化等诸多领域所呈现的新景象、新问题、新态势提供了崭新的视角，同时也为学院创新干部教育理论、丰富干部教育培训内容开辟了广阔的发展空间。

值此文库付梓之际，我们衷心希望，此文库不仅可以为领导干部讨论现实问题和探索未来发展之路提供鲜活的思想源泉，而且对那些热衷于思考当代全球化及高速转型中的中国社会热点问题的研究者与学习者有启发作用。我们也认识到，当今世界正处于大变革大调整时期，中国社会的变化也是日新月异，我院教师的研究因此也需要与时俱进，不断深化。希望我们的老师再接再厉，力争产生更多更好的学术成果，为把中国建设成为更具活力、更具发展潜力、更具国际竞争力的现代化国家提供有效的智力支持。

全国政协委员

中国浦东干部学院常务副院长、教授　　冯　俊

内容简介

　　跨国公司在华设立研发机构的行为始于 20 世纪 90 年代中期，其后稳步发展。2008 年 9 月，国际金融危机全面爆发以来，跨国公司的在华研发战略发生了历史性变化：一是研发投入并没有因危机而减少，而是逆势增长，研发中心的数量持续增加；二是研发中心的地位得到了跨越式提升，开始向战略研发中心转变。统计资料显示，金融危机全面爆发后，许多跨国公司开始密集地在华设立研发机构，涵盖食品、通讯、制药、软件、化工等众多行业，地域主要集中在北京、上海两个特大型城市。据商务部统计，截至 2010 年底，跨国公司在华设立的各类研发中心已达 1400 多个。

　　跨国公司研发战略的悄然转变，一方面可以在一定程度上抑制我国高端人才流向海外，另一方面也带来了先进的创新理念和管理经验，从整体上壮大了我国研发产业的规模，但同时也带来了新的挑战。对于跨国公司在华创新资源，如若应用得当，则能够为提升中国的创新能力做出贡献；如若应用不当，则本土创新资源有可能陷入逆向扩散的风险，从而抑制中国创新能力的提高。面对这柄双刃剑，中国怎样趋利避害？本书认为，加强跨国公司在华研发机构与本土创新主体之间的互动是促进前者技术扩散的有效途径。作者基于对这一观点的理论分析，广泛借鉴国际典型经验，提出了促进跨国公司研发机构与本土互动及技术扩散的政策体系及具有可操作性的政策建议。

全书共分四个部分、十章。

第一部分为理论基础，包括第一、二、三章。第一章探讨了跨国公司研发机构与本土互动的原理和规律。认为跨国公司研发机构与本土互动是其在与地方创新主体反复博弈的情况下产生的，互动是双方的最优选择，双方都能够从中受益。跨国公司研发机构与本土互动存在一定的规律性：跨国公司的国籍、其研发机构的性质、地方技术创新主体研发水平与跨国公司研发机构之间的落差、研发人员的供应、专利保护力度、地理距离远近等都会在双方的互动中发生作用。第二章考察了跨国公司研发机构技术扩散的原理与机制。技术扩散应该是对理解和开发所引进技术的能力的一种转移，采用技术创新主体是技术扩散的主动方面。影响跨国公司研发机构技术扩散的因素主要有：（1）机构的性质；（2）运作方式；（3）所有权；（4）本土技术水平和研发资源丰富程度；（5）市场竞争强弱；（6）政策环境；（7）本土研发机构集聚程度与声誉。可以说，跨国公司研发机构技术扩散是其与本土创新主体之间共同作用的结果，而加强互动是促进跨国公司研发机构技术扩散的有效途径。第三章梳理了跨国公司海外研发投资的发展历程，并在对跨国公司海外研发机构的区位影响因素进行分析的基础上，采用定量的方法分析不同类型的跨国公司海外研发机构的区位分化情况。定量研究的结果表明，中国台湾和新加坡分别是知识利用型区位和知识生产型区位的典型代表，而印度则是一个非常特殊的区位类型。基于以上研究，本书将这三个国家（地区）选作国际经验研究的对象加以考察。

　　第二部分是国际经验，包括第四、五、六、七章。其中，前三章分别以中国台湾、新加坡和印度为案例，研究跨国公司在这些国家和地区的研发机构与本土互动的情况，以及这些国家和地区的当局为促进跨国公司研发机构与本土互动所采取的方法和政策措施。基于对以上三个案例的研究，第七章总结了跨国公司研发机构与本土互动的三种模式：（1）互补模式。跨国公司设立研发机构主要是为了接近地方产业网络，获取本土供应商和生产商的知识，跨国公司离岸研发机构与本土创新主体之间是分工互补关系，分别侧重于生产链的不同环节，知识在由跨国公司研发机构和地方创新主体构成的环节中平行流动。影响这种模式形成的瓶颈是地方产业集群的成熟程度及其不断升级的活力。（2）下行模式。跨国公司设立研发机构的主要动机是接近地方生产，接近地区总部，以及利用东道国良好的基础设施条件和政策环境。跨国公司离岸研发机构与本土创新主体在研发水平上处于不同的层面，前者高于后者，知识在二者之间的流动是从前者流向后者，是一种自上而下的流动。这种模式的瓶颈在于本土创新主体，主要是企业的技术水平和研发能力。（3）合作模式。跨国公司设立研发机构主要是为了利用地方高素质、低成本的劳动力资源，以及通过近距离接触获取地方科技成果。跨国公司研发机构与地方创新主体之间是一种互相合作的关系，知识在二者之间的流动是双向的。影响这种模式形成的主要瓶颈在于：本土在某个领域是否具有较高的、同时也是独有的研发优势，这种优势在多大程度上可以被跨国公司研发机构利用，以及其市场前景如何。应针对不同的互动模式采取不同的政策措施。

第三部分是实证研究，包括第八、九章。第八章对跨国公司在沪研发机构与本土互动的现状和存在的问题进行了分析，认为跨国公司研发机构存在与本土互动的意愿，并同本土高校、研发机构和企业都存在多种形式和一定强度的互动，但是，在互动的对象、形式、效率、效果、机制、环境等方面都存在较为明显的问题，从而对双方的互动产生不利的影响。同时，在不同的行业，存在着不同的互动模式。第九章剖析了跨国公司在沪研发机构的技术扩散效应及其影响因素。研究显示，跨国公司在沪研发机构存在较为显著的技术扩散效应，但上海本身也存在影响这种效应充分发挥的多种制约因素。这些因素中，既有跨国公司研发机构本身的问题，也有本土创新主体技术力量薄弱、技术扩散渠道单一、带宽有限、企业的创新成果转化效率不高以及政策环境不够优化等方面的问题。

第四部分是对策研究，也就是第十章。针对实证研究的结果，借鉴国外相关经验，本书提出了促进跨国公司研发机构与本土互动及技术扩散的政策体系及若干具有可操作性的政策建议。这一政策体系主要由四个方面的子系统组成，包括吸引跨国公司研发机构及促使其提高层级的政策；提高本土研发能力和技术成果吸收、转化能力的政策；加强跨国公司研发机构与本土互动、拓宽跨国公司技术扩散渠道和扩散效率的政策；提高本土研发机构管理水平、降低本土研发资源逆向扩散风险的政策。只有建立系统的政策框架，才有可能真正实现预想的政策目标。

本书的主要创新点有三：第一，提出跨国公司研发机构与本土互动的博弈观点，并认为互动是博弈双方的最优选择；第二，归纳总结了跨国公司研发机构与本土互动的三种模式，并将其应用于中国上海的实证研究；第三，提出加强互动是促使跨国公司研发机构技术扩散的有效途径的观点，并基于该观点的精神建立了相关的政策体系。

由于跨国公司在华研发机构的设立时间尚短，同时，关于跨国公司研发机构与本土互动及技术扩散方面的研究在国内外都处于起步阶段，因此，本书无论在理论研究还是在实证研究中，都难免存在一定的问题，还有待各位方家批评指正，并在以后的研究中予以改正和完善。本书的研究得到了上海市科学技术委员会的资助，资助课题编号为056921022。

目 录

Contents

第 一 章

跨国公司研发机构与本土互动的原理和规律

20 世纪 80 年代以来，越来越多的跨国公司开始在全球布局其研发（研究与开发，英文为 Research and Development，简写为 R&D）机构，构建其全球研发网络。与此同时，国家（区域）创新体系建设也正在成为世界诸多国家政府关注的焦点。越来越多的跨国公司离岸研发机构正在成为这两种体系之间的接合点——既是跨国公司全球研发体系的组成部分，又越来越紧密地楔入区域创新体系，成为区域创新体系的重要资源。跨国公司研发网络与区域创新体系之间的接合程度取决于位于该区域的离岸研发机构楔入区域创新体系的程度，也就是说，它是否能够进入该地方创新体系，并与该体系中的创新主体发生密切的互动关系（示意图见图 1 - 1）。在本研究中，笔者把互动界定为组织之间为获得知识流动而发生的相互作用和相互影响。所谓知识流动，是指由任何组织独立创造的经验和知识与其他组织相互作用、交换，以扩散、积累或分享知识（Smith，1995；OECD，1996；Decarolis and Deeds，1999）。一般地，知识流动与知识转移或扩散是同义词，指知识从知识生产者（即"知识源"，Knowledge Source）向知识使用者流动的过程。在本研究中，知识流动的含义不一定指外国公司的"国际的"或"原始的"技术向东道国公司转移，而更多的是指外国公司与有关东道国组织之间通过正式的和非正式的相互作用而产生的知识流动。一般来说，知识流动的数量和质量将反映出组织间相互联系的有效程度（OECD，1996；Appleyard，1996；Almeida and Knout，1999；Verpagen，1999）。

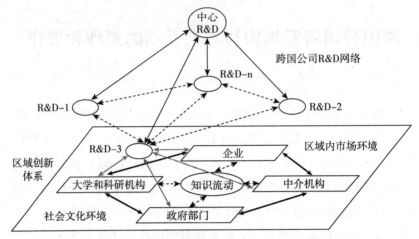

图 1－1　跨国公司离岸研发机构与区域创新体系之间的关系示意图

一、跨国公司研发机构与本土互动的原理

跨国公司离岸研发机构与本土互动是在其与地方创新主体反复博弈的情况下产生的。跨国公司离岸研发机构与本土互动，会增加技术溢出的可能性；但同时，也可以在近距离接触的情况下，更方便地获取地方创新资源、客户和供应商知识、市场知识，从而提高技术创新能力。其技术创新能力的提高又反过来会增加技术溢出。地方创新主体与跨国公司研发机构互动，会增大创新资源流向跨国公司研发机构的可能性，但是，吸收跨国公司研发机构技术溢出的可能性也会增加，从而有利于提高技术水平和创新能力。由于溢出

促进了当地创新主体的技术进步，缩小了技术差距，就会减少跨国公司子公司的准租金；跨国公司离岸研发机构为了维护其技术优势，被迫提高研发水平，以帮助其子公司提高产品竞争力，以及维持母公司的技术优势。结果就导致新一轮的溢出，即所谓的溢出正反馈。也就是说，跨国公司研发机构与本土互动，有利于提高双方的技术创新能力。因此，对于跨国公司研发机构与地方创新主体而言，互动是双方的最佳选择。

跨国公司研发机构与地方创新主体互动需要双方都具有合作的愿望与合作的能力。在下面的两种情况下，跨国公司研发机构与本土之间很难实现互动。

第一种情况：跨国公司研发机构选择不互动。如果跨国公司研发机构奉行严格的技术封锁策略，通过加强控股化或独资化运作封堵了技术扩散的渠道，从而减少技术溢出，或者通过设计离岸研发机构所处跨国公司整体"研发链"上的位置，实施详细具体的"研发分工"战略，将基础性和原创性的研究大都放在其母国进行，只是将辅助性的技术研发放在东道国，使得跨国公司研发机构与地方创新主体之间的技术势差不大，从而减少技术溢出，这两种策略都会导致地方创新主体不能从与跨国公司研发机构的合作中获益，进而损害与其互动的动机和能力。

第二种情况：地方创新主体选择不互动。如果地方创新主体对跨国公司实行技术隔离战略，通过人才政策、技术政策、外资政策等人为地设置壁垒，以防止本土人才、技术等流向跨国公司，则跨国公司研发机构将很难从东道国获取创新资源，从而很少开展研发活动，即使开展，也仅限于低层次的技术支持活动。这样，跨国公司研发机构的技术溢出效应会大大减小。

二、跨国公司研发机构与本土互动的作用

跨国公司离岸研发机构与本土互动，对跨国公司和东道地区区域创新体系都能够产生有益的作用。

1. 跨国公司离岸研发机构与本土互动有利于提高其创新绩效

（1）互动在跨国公司技术创新中的作用越来越重要

20 世纪 50 年代以来，企业技术创新行为发生了很大的变化，先后形成了不同的技术创新模式，分别是第一代简单线性技术推动模式、第二代简单线性需求拉动模式、第三代技术与市场的耦合互动模式、第四代一体化模式和 1980 年代末期以来的第五代系统集成和网络化模式。其中前两种模式是离散的、线性的模式。线性模式把创新的多种来源简化为一种，没有反映出创新产生的复杂性和多样性。离散模式把创新过程按顺序分解为多个阶段，各阶段间有明显的分界。耦合互动模式的出现，在一定程度上认识到线性模式的局限性，增加了反馈环节，但基本上还是机械的反应式模式。第四代和第五代创新过程模式的出现，是技术创新管理理论与实践上的飞跃，标志着从线性、离散模式转变为一体化、网络化复杂模式。由于创新过程和产品对象的复杂性大大增强，创新管理需要系统观和集成观。而现代信息技术和先进管理技术的发展为第四代、第五代模式的应用提供了有力支撑。自第三代模式开始，创新的"互动"（interaction）观点日益受到重视，包括企业研发系统内部各部门之间、研发与其他部门之间、生产者与顾客或供应商之间，以及与其他企业之间的互动作用等。第五代创新模式的特点见表 1 - 1。跨国公司研发全球化在一定程度上体现了跨国公司创新模式的演变。技术变化速度的加快，产品更新换代的加速，市场竞争的加剧，以及

地方创新中心的形成，都迫使跨国公司将原先集中于母国的研发职能进行分化重组，改变将研发机构保留在母国的格局，重新规划研发机构的空间分布，以便于研发机构与生产部门、先进客户和供应商、东道国研发机构和大学以及其他企业等组织之间的互动，从而确保自己的技术优势。

表1-1　第五代创新模式：系统综合和网络（SIN）

基础战略因素
● 时间战略（更快更有效的产品开发）
● 注重质量和其他非价格因素的开发
● 重视企业的灵活性和灵敏度
● 重视前沿战略的客户
● 跟主要供应商的战略合作
● 横向技术合作战略
● 电子数据处理战略
● 全面质量管理战略

主要特点
● 整个组织和系统的综合
——并行和综合（职能间）的开发过程
——产品开发中早期供应商的参与
——产品开发中主要客户的参与
——在适当的地方建立横向技术合作
● 适于快速有效决策的灵活平面组织结构
——给予低等级管理人员更多的权利
——给予产品拥护者和项目领导者权利
● 发达的内部数据库
——高效的数据共享系统
——产品开发方法，基于计算机的启发式学习，专家系统
——使用三维CAD系统和模拟技术辅助产品开发
——跟CAD/CAM系统连接，加强产品开发的灵活性和产品的可制造性

续　表

- 有效的外部数据连接
- ——使用互联的 CAD 系统与供应商共同发展
- ——在客户接口上使用 CAD
- ——跟研究与开发试验室进行有效联系

资料来源：劳斯维尔（1992）。

转引自：［澳］Mark Dodgson，Roy Rothwell 编，陈劲等译：《创新聚集——产业创新手册》，清华大学出版社，2000 年，pp. 53 - 54。

专栏1-1　企业技术创新模式的演化

20 世纪 50 年代以来，不仅主要的企业战略要素改变了，而且主要的创新模型和大多数的创新行为也改变了，这种改变可以用下面的五代创新模式来概括。

第一代：简单线性技术推动模式（图 I）（20 世纪 50 年代～60 年代中期）

该模式假设从来自应用研究的科学发现到技术发展和企业中的生产行为，并最终导致新产品进入市场都是一步步前进的。该模式的另一个基本假设就是更多的研究与开发就等于更多的创新。当时由于生产能力的增长往往跟不上需求的增长，很少有人注意市场的地位。

图 I　简单线性技术推动模式

第二代：简单线性需求拉动模式（图 II）（20 世纪 60 年代～70 年代）

20 世纪 60 年代后期是一个竞争增强的时期，这时生产率得到显著提高，尽管新产品仍在不断开发，但企业更多关注的是如何利用现有技术变革，扩大规模、多样化以实现规模经济，获得更多的市场份额。许多产品已经基本供求平衡。企业创新过程研究开始重视市场的作用，因而导致了需求（市场推动）模式的出现。该模式中市场被视为引导研发的思想源泉，而研发是被动地起作用。

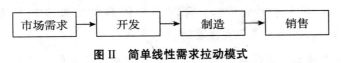

图 II　简单线性需求拉动模式

第三代：技术与市场的耦合互动模式（图 III）（20 世纪 70 年代后期～80 年代中期）

20 世纪 70 年代，大量研究显示，对科学、技术和市场三者相互联结的一般过程而言，线性的技术推动和市场拉动模式都过于简单和极端化，并且不典型。Mowery 和 Rosenberg 于是总结提出了创新过程的交互（或称耦合）模式。

图 III 是一种高度简化，但具有代表性的创新过程模型——联结模型，表示一个逻辑上连续的过程，这个过程可以分为一系列职能上独立但相互作用、相互依赖的步骤。整个创新过程可被看成跟科学技术共同体以及市场联结在一起。即，创新过程代表了在创新企业的框架中，技术能力和市场需求的综合。

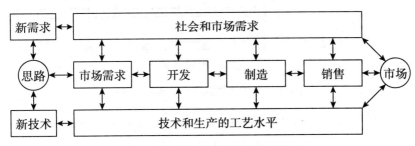

图 III　技术与市场的耦合互动模式

第四代：一体化（并行）（integration/parallel）模式（20 世纪 80 年代早期~90 年代早期）

进入 20 世纪 80 年代，企业开始关注核心业务和战略问题。当时领先的日本企业的两个最主要特征是一体化（integration）与并行开发（parallel development），这对于当时基于时间的竞争（time-based competition）是至关重要的。

虽然第三代创新过程模式包含了反馈环，有些职能间有交互和协同，但它仍是逻辑上连续的过程。

Graves 在对日本汽车工业的研究中总结提出了并行模式，其主要特点是各职能间的并行性和同步活动期间较高的职能集成。图 IV 是一体化模式的一个典型例子的示意图。

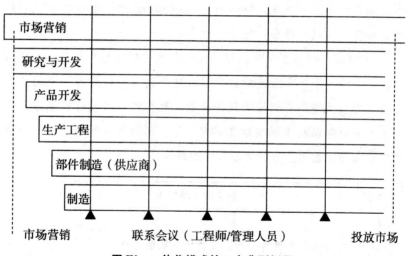

图 IV　一体化模式的一个典型例子

第五代：系统集成与网络化（System integration and network model，SIN）模式（20 世纪 80 年代末 90 年代初以来）

越来越多的学者和企业意识到，新产品开发时间正成为企业竞争优势的重要来源。但产品开发周期的缩短也往往意味着成本的提高。Graves 指出，新产品开发时间每缩短 1% 将平均导致开发成本提高 1% ~2%。为此，在这种基于时间的竞争环境下，企业要提高创新绩效，必须充分利用先进信息通讯技术和各种有形与无形的网络进行集成化和网络化的创新。Rothwell 指出，第四代和第五代创新过程模式的主要不同是后者使用了先进的 IT 和电子化工具来辅助设计和开发活动，这包括模型模拟、基于计算机的启发式学习以及使用 CAD 和 CAD - CAE 系统的企业间和企业内开发合作。开发速度和效率的提高主要归功于第五代创新过程的高效信息处理创新网络，其中先进的电子信息通讯技术提高了第四代创新的非正式（面对面）信息交流的效率和效果。

资料来源：［澳］Mark Dodgson，Roy Rothwell 编，陈劲等译：《创新聚集——产业创新手册》，清华大学出版社，2000 年。

专栏1-2　跨国公司设立海外研发机构的动机和影响因素

跨国公司设立海外研发机构是内、外部因素综合作用的结果，即既有跨国投资的内在动机，也有相应的外部条件和促成环境。

跨国公司设立海外研发机构的动机主要有以下五个：

第一，利用世界其他地方的科技创新资源，这对于那些所在产业的研发卓越中心位于母国以外的跨国公司尤为重要；

第二，通过在一个以上国家建立研发机构，跨国公司可以获得更加多样化的新思想、新产品和新工艺知识（Ronstadt，1977），为其创新过程提供更多的终端目标和创新思路；

第三，跨国公司利用在海外研发机构之间进行劳动力分工，通过对创新过程的细分可以获得特殊的区位优势（Lorenz，1983）；

第四，跨国公司将研发机构布局于海外，可以提高对地方需求的反应能力和实现本土化的应对能力（Mansfield，Teece and Romeo，1979）；

第五，可以利用东道国政府为吸引跨国公司进行研发投资所提供的研发许可、税收减免、免息贷款等各种优惠政策。

动机的实现还需要一定的外部条件相配合。20 世纪 70 年代以来科学技术的进步和经济全球化为跨国公司设立海外研发机构提供了强大的技术手段和良好的经济、制度环境。首先，信息和通讯技术的飞速发展极大地方便了国际协调和一体化，为进行跨国研发提供了良好的技术环境；其次，越来越多的发达国家和发展中国家社会、经济和技术资源的改善，为跨国公司建立海外研发机构提供了必要的基础设施；再次，国际专利的日益标准化使跨国公司对其在海外获得的专利进行保护更为方便。

另外，经营环境的变化进一步促成了跨国公司设立海外研发机构。第一，跨国公司海外生产和全球营销的增加，创造了对技术支持和地方适应的需求，在相当大程度上需要建立永久性的研发团队来提供技术支持，以提高经营效率。第二，越来越多的跨国公司海外研发机构取得了成功，为追随者提供了楷模。第三，发达国家不少技术领域科学家和工程师日益短缺，导致跨国公司将部分研发活动转移到能够雇用到所需技术人才的海外子公司。第四，越来越多的国家在不同的技术领域取得成功，使跨国公司认识到母国不一定是开展研发活动的唯一地点。第五，越来越多的东道国政府将建立研发机构作为跨国公司市场准入的条件之一。

值得注意的是，上面仅列出了跨国公司通过 FDI 建立研发机构的影响因素，并不能完全解释通过购并获得的海外研发机构的影响因素。

资料来源：楚天骄：《跨国公司在发展中国家 R&D 投资的区位模式研究》，上海社会科学院出版社，2006 年。

（2）互动可以扩大跨国公司可支配创新资源的范围

决定跨国公司设立离岸研发机构的主要原因有二：①集聚经济。集聚经济的概念可以追溯到 1890 年阿弗里德·马歇尔的《经济学原理》。在该书中，马歇尔提出：集聚，作为资源地理集中所产生的一种外部经济，在产业活动区位和组织中具有重要作用。大量企业及相关机构在一定地理范围内的集中可以产生积聚经济，即可以对共同资源加以利用。这些共同资源包括具有专门技能的熟练工程师、能提供专门设备的企业以及形成独具特色的创新氛围（Saxenian，1994）。这些资源都是研发过程的重要投入，因此，跨国公司可以通过设立离岸研发机构进入这样的区域创新系统，从而享受集聚经济带来的利益。②知识的空间特性。知识与信息具有不同的特性，信息的特性是可编码性，而知识在相当大的程度上必须通过诸如师傅带徒弟这样的密切的个人相互作用或者通过与论文、说明书等书面知识相结合的方式才能转移到接收方①。由于人们的专门知识不是完全流动的，所以在远距离获取特定区域创新体系的知识相当困难，跨国公司如果想要利用这些专门知识，就必须在该区域设立相关机构，包括新建研发机构或通过兼并获取当地企业的研发机构。并且，现代通讯技术的进步使跨国公司对地理分散的研发机构进行管理和整合提供了机会。Von Hippel（1994）使用"粘性知识"（sticky knowledge）的概念来说明知识具有不能在较低成本下在个人之间或区域之间扩散的特征，他认为，企业为了利用一个区域的知识基础，就会在该区域设立机构，从而可以享受利用该区域具有专门知识的熟练工程师、与该区域的地方企业建立伙伴关系等好处。

---

① 世界银行：《1998/1999 年世界发展报告：知识与发展》，中国财政经济出版社，1999 年，p. 16。

因此，跨国公司离岸研发机构的职能从单纯地支持地方生产到更多地去获取和利用地方知识资源的转变，表明其正在成为跨国公司技术创新体系与地方创新体系之间互动的节点，服务于跨国公司整合全球研发资源、维持和提高其技术优势的全球技术战略。

2. 地方与跨国公司离岸研发机构互动有利于提升区域创新体系创新能力

（1）跨国公司离岸研发机构是区域创新体系的重要资源

所谓区域创新体系，是指一个区域的公共和私人部门组成的组织和制度网络，其活动是为了创造、扩散和使用新的知识和技术[①]。创新体系的核心是企业，是其组织生产、创新的方式和其获得外部知识来源的途径。外部知识的主要来源是别的企业、公共和私有的科研机构、大学和中介组织[②]。因而，企业、科研机构和高校、中介机构是创新体系的主体。在整个创新体系中，知识（技术和信息）在人、企业、各机构间的流动是创新过程的关键所在[③]。按照 OECD 的研究，知识流动的机制包括：企业间的技术协作及它们之间的非正式的相互作用、公共研究部门（包括公共研究机构和高校）和私人研究部门之间的联系、以新机器设备为载体的技术扩散、人员在产业内部和公共、私人部门之间的流动。

区域创新体系是一个开放的系统，来自外国的技术转移是区域

---

① 石定寰：《国家创新系统：现状与未来》，经济管理出版社，1999 年，pp. 24 - 25。

② OECD, Research Group of National Innovation System, Internet Working Papers. 1997。

③ OECD, Research Group of National Innovation System, Internet Working Papers. 1997。

创新体系的有机组成部分①。跨国公司在世界经济中占据着举足轻重的地位。目前世界总产值的大约 1/3 被跨国公司占有，其中 90% 以上是由少数巨型跨国公司，即所谓的"10 亿美元俱乐部"成员所控制②。在全球竞争压力下，这些巨型跨国公司无一例外地都在研发上实行高投入政策，有些大型跨国公司的研发投资额甚至达到或超过一个国家的研发支出额。例如，福特汽车公司 2002 年的研发支出额高达 77 亿多美元，远远超过澳大利亚、西班牙等发达国家的研发支出总额。据估计，跨国公司的研发支出已经占全球产业研发支出的 75% ~ 80%③，世界上最大的 700 家工业企业（大多是跨国公司）占有世界商业发明的半数④。可以说，这些巨型跨国公司是推动世界技术进步的重要力量。跨国公司离岸研发机构的设立为地方创新体系获取先进技术提供了机会。本土企业可以通过与跨国公司研发机构的多种途径的合作和人员交流，与跨国公司研发机构进行近距离接触，从而使跨国公司研发机构成为促进区域创新体系发展的重要资源。因此，可以说，跨国公司海外研发机构可以被视为"知识资源"并能够成为区域创新体系的组成部分（Smith，1995；Zander，1997）。

（2）跨国公司离岸研发机构是区域创新体系联入世界创新网络的重要门户

当前世界科学技术知识的流动呈现出明显的集中化趋势。一方

---

① 石定寰：《国家创新系统：现状与未来》，经济管理出版社，1999 年，p. 25。

② 李琼：《当代国际垄断——巨型跨国公司综论》，上海财经大学出版社，2002 年，p. 37。

③ John. H. （1993），Multinational Enterprises and the Global Economy，Wokingham，England：Addison-Wesley，p. 185.

④ Cantwell，J. （1994），Transnational Corporation and Innovatary Activities，United Nations Library on Transnational Corporations，17，p. 2.

面，科技成果向美国、欧盟和日本为主的先进国家集中。资料表明，2000 年美国授予的专利中，排名前 10 位的发达国家获得其中 91% 的专利权。另一方面，国际技术贸易发展越来越不平衡。自 1970 年代中期以来，向发展中国家技术转移的增长速度远远慢于全球技术转移的增长速度，发展中国家在全球技术转移中所占的份额下降（表 1-2）。对发展中国家来说，这同时也就意味着它们与发达国家在科学技术方面的差距在扩大，对发达国家的科技依附性在加强。

在这种情况下，跨国公司在发展中国家的研发活动有利于发展中国家企业与跨国公司全球技术网络相结合。跨国公司在印度的研发活动就为印度成为国际信息产品产业链的一个环节、加快软件业的发展和升级创造了条件。在跨国公司研发机构进入之前，由于印度市场与国际市场相对隔离，使得印度公司不了解市场和技术发展的趋势，无法确定市场的需求和加工规格，因而软件工作只限于低水平的编程业务，软件业的增长主要由高技术人才出口带动。1990 年代，软件科技园的建立和跨国公司研发机构的设立，使得国内公司有机会接触国外的技术信息和客户需求，一些印度出口商成功地进入软件设计领域。如今，尽管低附加值服务依然是出口市场的主流，但已从出口高科技人才转向在国内进行技术开发再出口。

跨国公司在发展中国家的研发活动还有助于发展中国家与国外知识高地建立联系，提高技术水平。由于人才从硅谷的大量回流，台湾新竹与硅谷之间保持着非常密切的商业和技术、信息联系，跨国公司在台北设立研发机构，又进一步强化了台湾 IC 产业与硅谷的联系，将新技术经验与经营方式引入台湾，促使了台湾企业组织模式的变化，带动了厂商的整体发展。

表 1-2　全球技术流动与 FDI, 1975~1995（10 亿美元）

年份	技术转移支付的费用			FDI 流动		
	所有国家	发展中国家支付费用估数	发展中国家所占比例（%）	世界总量	流入发展中国家的FDI	发展中国家所占比例（%）
1975	n. a.	n. a.	n. a.	21. 509	6. 286	29. 223
1976	6. 82	1. 80	26. 40	27. 648	7. 050	25. 497
1977	7. 88	2. 34	29. 76	33. 788	7. 814	23. 125
1978	9. 65	2. 67	27. 63	39. 928	8. 578	21. 483
1979	10. 36	2. 47	23. 88	46. 067	9. 342	20. 278
1980	12. 48	3. 36	26. 93	52. 207	10. 106	19. 357
1981	12. 60	4. 19	33. 25	56. 817	15. 015	26. 426
1982	10. 60	2. 16	20. 40	44. 472	13. 454	30. 252
1983	11. 23	2. 74	24. 42	44. 094	10. 265	23. 281
1984	12. 01	3. 02	25. 17	48. 984	10. 500	21. 435
1985	12. 39	2. 85	22. 99	49. 312	11. 475	23. 270
1986	16. 55	3. 52	21. 29	78. 283	14. 184	18. 119
1987	20. 72	3. 80	18. 35	132. 949	25. 021	18. 820
1988	24. 43	4. 20	17. 21	158. 289	29. 718	14. 833
1989	27. 36	5. 43	19. 84	200. 612	29. 756	15. 029
1990	33. 46	6. 70	20. 02	211. 425	31. 776	25. 809
1991	36. 47	6. 38	17. 49	158. 428	40. 889	32. 131
1992	47. 30	7. 11	15. 04	170. 398	54. 750	35. 199
1993	48. 41	10. 12	20. 90	208. 388	73. 350	38. 546
1994	56. 42	14. 08	24. 96	255. 660	87. 024	31. 648
1995	64. 44	18. 05	28. 01	314. 933	90. 000	38. 298
1975~1995年年均增长率	13. 14	15. 33		16. 40	7. 59	

年份	技术转移支付的费用			FDI 流动		
	所有国家	发展中国家支付费用估数	发展中国家所占比例（％）	世界总量	流入发展中国家的FDI	发展中国家所占比例（％）
1975～1985 年年均增长率	7.44	8.93		9.56	16.57	
1985～1995 年年均增长率	18.99	17.95		21.19	24.06	

注：*n.a.* 表示没有数据。

资料来源：Kumar（1997），Technology Generation and Technology Transfers in the World Economy：Recent Trends and Implications for Developing Countries，discussion-papers，p. 275. http：//www. intech. unu. edu/publications/.

三、跨国公司研发机构与本土互动的途径

跨国公司研发机构与地方创新主体互动的途径可以分为正式联系和非正式联系两类。所谓正式联系，是指由正式契约规定的技术转移，包括接受地方研发机构委托进行研发活动、委托地方研发机构进行研发活动、向地方企业转让技术、与本土企业进行合作研发等。在这种类型的互动中，知识流动伴随着技术转移发生，一般在技术转移的同时发生。但是，如果是合作研发，则从合作研发开始就发生知识流动；如果一方向另一方提供人员培训服务，则在技术转移完成后的一段时间内仍会发生知识流动。所谓非正式联系，是指在没有正式契约规定条件下的知识流动，包括人力资源更新、参加学术会议、论文发表等带来的知识流动。这种类型的互动与技术转移没有确定的关系，一般也无法定价。由于意会知识的存在，使得非正式互动在技术创新中的作用，尤其是在研发活动的初期阶段，具有重要的作用。有人证实，在电脑和软件行业，一旦发生雇员

"流动"，就会产生溢出效应。这里的"流动"，既包括人力资本的有形转移，也包括人力资本的无形转移。关于后者，最有代表性的是硅谷的人际网络模型：一种高度保密的芯片之所以在其首次面市后不久就成为国际半导体社会的一般性知识，是因为在知识聚集效应巨大的硅谷，只要与创新厂商的关键雇员"聊"上 10 分钟，就能获得逆向工程中的解密手段（李平，1999）。可以说，这种非正式互动随时可以发生，尽管它可能并没有伴随着技术转移，但它有利于接受方更好地采纳技术转移并进行再创新；有利于先进技术、知识在区域创新体系中的传播，从而从整体上提高区域创新能力。因此，应对非正式互动给予足够的重视。

具体地说，跨国公司研发机构与本土互动的途径主要有以下几个方面：

- 接受本土企业委托的研究
- 把研究外包给本土企业
- 接受本土研发机构委托的研究
- 把研究外包给本土研发机构
- 生产外包
- 通过出版物来展示本企业使用的技术
- 向本土企业销售设备
- 向本土企业转让知识产权
- 与本土企业合作研究与开发
- 知识产权被本土企业频繁引用
- 技术人员离职
- 雇用本土技术人员
- 新产品销售

- 经常性的技术展示
- 经常参加座谈会

专栏1-3　102 个重要想法的转移方式

　　有学者对 1960 年代英国取得女王工业奖的 51 项创新技术来源进行了调查，结果显示，156 个最重要的想法中有 102 个来自企业外部。这 102 个重要想法的转移方式见下表：

102 个重要想法的转移方式表

企业间人员的转移	20.0
通过工业经验而来的共同认识	15.5
通过教育而来的共同知识	9.0
商业协议（包括技能的继承和出卖）	10.5
讲座（技术的、科学的和专利的）	9.5
国内的个人接触	8.5
与支持者合作	7.0
与顾客合作	5.0
出国访问	6.5
由政府组织传递来的	6.0
国内的会议	2.5
顾问	2.0

　　注：0.5 表示有些来源并不是唯一的。

　　资料来源：［澳］C. A. 蒂斯德尔著，黄嘉平等译：《科技政策研究》，中国展望出版社，1985 年。

四、跨国公司研发机构与本土互动的一般规律

　　一些学者从不同的侧面对跨国公司与本土互动的规律进行了探讨，并得出了若干具有一般意义的结论。

1. 跨国公司离岸研发机构的性质决定其与地方研发机构的相互作用

目前被普遍使用的跨国公司离岸研发机构的分类方法是 Ronstadt 的三分法（Ronstadt，1977）。他将跨国公司离岸研发机构的性质划分为三种类型：（1）初始技术转让单位（initial technology transfer units，TTUs），向子公司转移技术及提供技术服务，并辅助母公司进行少量的研发活动。（2）本地技术单位（indigenous technology units，ITUs），主要目的是使产品适应地方市场的需要，从而帮助跨国公司在东道国设立生产单位，或者提高母公司在东道国的市场份额。设立这类海外研发机构的主要原因是母公司不熟悉地方市场需求，在母国进行针对东道国市场的研发活动十分困难。（3）全球技术单位（global technology units，GTUs），针对全球市场进行研发活动的海外研发机构。一般而言，这类研发机构会与地方大学和其他实验室组成网络和集群。

跨国公司离岸地方研发机构的性质将决定跨国公司与地方研发机构的相互作用（Medcof，1997；Nobel and Birkinshaw，1998）。一般地，跨国公司离岸研发机构在其内部创新体系中的地位越高、地方自治程度越强，则与东道国创新体系之间的相互作用越大。技术转移单位的任务是从母国向东道国转移技术，所以，公司总部通常会向东道国派出负责研发活动的人员（Penner-Hahn，1998），这种类型的跨国公司研发机构通常很少与东道国创新系统发生相互作用。本地技术单位的任务是针对地方产品需求开发和改进产品，所以，跨国公司一般会从地方招募技术人员，并且会与地方研发机构发生一定的相互作用（Taggart，1998）。全球技术单位的任务是为全球或区域市场开发产品，通常会利用东道国的技术成果和技术人才，与东道国创新体系之间的作用最显著（Kuemmler，1997）。

台湾学者的实证研究证实了这一规律。Fang, Lin and Hsiao（2002）采用问卷调查的形式收集了117家在台跨国公司研发活动的资料，以此为基础分析了跨国公司在台研发机构与地方创新体系之间的互动状况。他们的研究成果显示，在不同的跨国公司研发机构类型中，针对全球市场研发设立的研发机构与台湾创新体系之间的互动最频繁，针对地方市场开发的研发机构次之，以支持地方生产为目的的研发机构最低。

2. 跨国公司的国籍对其研发机构与东道国创新体系之间的互动有重要影响

文化差异会影响跨国公司的管理理念和管理实践，因而，跨国公司的国籍会影响跨国公司研发机构与东道国创新体系之间的互动（Bartlett and Ghoshal，1989；Cantwell and Jane，2000）。在全球技术专业化趋势下，不同国家的跨国公司拥有不同的技术优势和技术劣势（Odagiri and Yasuda，1996；Shan and Song，1997；Penner-Hahn，1998）。跨国公司研发全球化存在行业差异，不同领域跨国公司设立海外研发机构的动机、影响因素，海外研发机构的性质等都不相同，从而，来自不同母国的跨国公司海外研发机构在知识流动方面也表现出不同的特征。

除了技术专业化方向，跨国公司的企业文化和发展战略也会影响其海外研发机构的知识流动。博拉斯（1999）研究了美国和日本跨国公司控制的电子生产网络，认为美国和日本的跨国公司由于企业文化、发展战略不同，在进行海外研发活动时也形成了不同的模式。美国电子公司为了提高专业化，把价值链上的低档阶段迁移到亚洲，从而集中精力进行产品设计、全球商标名称的定义和结构规范，以及对销售渠道的控制这些高级阶段的活动，产生高额利润（博拉斯，1999）。通过这些积极进取的新产品开发战略，可以使美国公司保持领先地位，同时，由于美国跨国公司转移到亚洲国家的生产是面对全球市场的，为了支持地方生产，就需要在生产国建立较高水平的离岸研发机构。前已述及，这种性质的研发机构与地方创新体系知识流动相对更为频繁。同美国和欧洲公司相比，日本公司在科研开发国际化方面仍处于初级阶段，在组织国际科研开发网络方面的经验还相当有限。直到1993年底，日本公司仍是把比较低档次的工艺和产品技术转移到海外，亚洲生产所需的新技术投入完全来自日本，当地的设计活动始终不变地适应日本的产品设想，以满足亚洲当地市场的需要。面向全球的先进产品在日本以外根本找不到，更不用说它们的设计、开发和制造了（博拉斯，1999）。最近，由于越来越重视亚洲市场情报和产品的适应性，同时，生产地点越来越多，日本公司也开始把适应性和某些开发工作分散到亚洲生产子公司的工程部门进行。

3. 地方技术创新主体研发水平与跨国公司研发机构落差适宜是发生双向互动的必要条件

企业的研发活动不仅能够增加企业的创新，而且能够提高其认识、模仿、开发外部技术的能力。如果地方企业研发水平与跨国公司研发水平和专业领域之间的差距过大，则地方企业将难以有效吸收跨国公司的知识溢出。只有当二者水平有一定差距但差距不是很大，并且专业领域较为接近的情况下，才更可能发生双向的知识流动①。例如，在我国台湾地区最具有技术竞争优势的微电子产业，跨

---

① Kokko, A., Technology, Market Characteristics and Spillovers, Journal of Developmeng Economies 43（1994），pp. 279 - 293.

国公司进行研发投资已有较长的历史，但一直以来技术扩散效应并不明显。主要原因是台湾地区中小企业占企业总数的 99%，这些中小企业研发力量非常薄弱，不具备同跨国公司对话的基本条件。在台湾地区政府的适度引导和工研院电子所的强大技术支撑下，台湾半导体产业技术能力大大提高，出现了一批具有较强研发能力的大企业。进入 21 世纪，IT 业跨国公司在台湾设立的研发机构开始快速增加，其动机是利用台湾本地供应商的生产知识。至此，跨国公司研发机构与台湾本土之间的互动才越来越显著。

4. 丰富而素质高的研发人员是跨国公司研发机构与本土互动的重要载体

企业间工程师流动是知识流动的主要渠道。如果地方研发人员数量多、素质高，在某个领域具有专业化知识，则跨国公司设立的离岸研发机构会更多地使用地方研发人员，从而与东道国创新系统之间的人员流动更为频繁，从事合作研究的可能性也更大。如果地方研发人员无法满足跨国公司研发活动的需要，则跨国公司会派遣研发人员到东道国的机构工作，与东道国创新系统之间的交流无疑会少很多。印度是一个典型的案例。与跨国公司在其他发展中国家的研发机构相比，设在印度的研发机构具有规模大、地位高的特点，其中有不少是跨国公司在其母国以外最大的研发机构。例如，通用电气公司的 John F Welch 技术中心、甲骨文印度开发中心（IDC）、i2 技术公司的印度研发中心、飞利浦创新园区（PIC）、SAP 印度研发中心、德州仪器公司在印度的研发中心等都是其在母国之外最大的研究机构[①]。这些大公司之所以都选择了班加罗尔，一个主要原因

---

① 楚天骄：《跨国公司在印度 R&D 投资的区域效应》，《亚太经济》，2005 年第 4 期。

就是：这里有大量优秀的计算机专业人才以及物理和材料科学方面的科学天才。据统计，班加罗尔的软件工程师超过了30万，堪与美国硅谷比肩。GE、IBM、惠普、微软、英特尔、思科等一大批世界顶尖高科技公司竞相前来"猎取"最聪明的创新头脑①。

5. 专利保护力度是跨国公司研发机构与本土互动的重要环境因素

东道国知识产权保护状况会影响跨国公司在该地的研发活动的性质。如果保护力度过低，则跨国公司将避免在该国进行高水平的领先技术转移和开发，以免发生技术泄漏。如果知识产权保护完善，则跨国公司将提高其在东道国的研发机构的研发水平和地位。Feinberg 和 Majumdar（2001）对跨国公司在印度制药业研发投资的行为进行了研究。在印度，制药业跨国公司进入并开展研发活动已经有30多年的历史。由于以前印度知识产权保护状况非常差，以至于跨国公司很少在印度的生产部门使用公司的先进技术，在印度的知识流动主要发生在跨国公司之间，与印度企业的联系很少。随着印度知识产权保护状况的改善，越来越多的跨国公司开始在印度设立高层次的研发机构，包括知名的制药业公司美国礼来公司等。

6. 地理距离接近有助于跨国公司研发机构与本土互动

尽管人们认为由于现代通讯技术的发展，组织之间和个人之间的互动可以在远距离完成，从而提出"地理已死"的观点，借以说明物理距离已经不再是一个区域的经济、社会和技术系统相互作用的前提条件。然而与这一观点相悖，越来越多的学者研究发现，技术和知识的产生具有相当强的地方性，地理距离仍是影响知识流动

---

① 石磊：《跨国公司竞相进驻班加罗尔，抢占知识高地》，《文汇报》，2005年4月10日。

的重要因素。首先，知识的溢出效应随地理距离增大而衰减。由于知识主要是意会性的，所以地理距离的增加会加大知识转移和吸收的难度。这样，在企业技术分享过程和知识扩散过程中，空间接近就很有必要。而且，知识愈复杂、变化速度越快，所处研究阶段越早，则面对面交流越重要。Brandstetter（1996）认为，知识的溢出效应在一国的范围内比国际范围内要大。Admans 和 Jaffe（1996）发现，母公司研发对制造工厂的生产率的影响随着研发实验室与工厂之间的地理距离增大而减小。还有不少学者利用专利作为衡量知识溢出的指标计算了知识扩散与地理距离之间的关系，发现企业之间、企业与公共知识机构之间专利引用与地理距离之间存在对应关系，即在空间上接近的机构之间知识溢出效应更大（Jaffe，Trajtenbrg and Henderson，1993；Jaffe and Trajtenberg，1996；Maurseth and Verspagen，2002）。所以，可以认为，地理接近有利于知识交流。

第 二 章

跨国公司研发机构技术扩散的原理与机制

一、技术扩散的基本原理

1. 技术扩散的涵义

国际知识产权组织（World Intellectual Property Organization，简称 WIPO）将技术定义为：制造产品、制程或者提供服务的系统化的知识。它具有无形性、系统性和商品属性三个特性。

技术扩散是指技术知识通过一定的渠道在潜在使用者之间随时间传播并推广采用的过程，包括时间和空间两个维度。它既包括有意识的技术转移，又包括无意识的技术传播[1]，而且更强调后者。技术扩散可以进一步细分为创新观点扩散、研发技术扩散和技术创新实施技术扩散三个部分。判断技术扩散成功与否的标志是：技术引进方在无外在帮助下，能完全独立地加以吸收、操纵和维修所引进的技术，并具有一定的改进、扩展和开发所引进技术的能力。所以，从这个意义上讲，技术扩散不仅仅是对生产技术的简单获取，而是要构建引进方的技术能力，即技术扩散应该是"对理解和开发所引

---

① 李国纲，李宝山：《管理系统工程》，中国人民大学出版社，1992 年。

进技术的能力的一种转移"[①]。巴拉森也持同样的观点："比传授和生产能力更为重要的是将能力和意愿嫁接到当地的工程和设计能力上去，使之具有进行技术变革的能力。"

2. 技术扩散过程

与技术发明或创造过程不同的是，技术扩散是一个连续而缓慢的过程。Nathan Rosenburg（1972）指出，扩散过程具有两个特征：扩散过程整体缓慢，不同的技术被采用的速度之间存在很大差异。前一特征表现在扩散路径上就是呈现"S"形，即在扩散过程中，无论技术的绝对扩散（新技术采用企业数）$N(t)$，还是相对扩散率都有一条形如 S 的动态变化曲线。如图 2-1 中的左图，M 是新技术至 t 时的累积采用者数 $N(t)$ 与潜在采用者数的比例，即 $f(t) = \dfrac{N(t)}{M}$，显然，$0 \leqslant f(t) \leqslant 1$。图 2-1 中的右图表示新技术随时间 t 的扩散速度，即 $\dfrac{df(t)}{dt} = \dfrac{1}{M}\dfrac{dN(t)}{dt}$（即 t 时的技术采用数与 M 的比值），它是 $f(t)$ 对时间 t 的导数。一般描述技术扩散数学模型用此导数形式表示。t^* 是技术市场扩散速度最大的时刻，相应的累积采用者比例为 f^*（成为拐点或临界点，是扩散过程进入中期阶段的标志），可通过令 $\dfrac{d^2 f(t)}{d^2 t} = 0$ 求出。

不同的学者从不同的角度解释了"S"形曲线存在的原因。多样性模型（heterogeneity model）认为，这是由于新技术对不同的企业价值不同。该模型假设新技术对潜在采用者的价值是呈正态分布的，新技术的成本是常数或者随着时间的变化单调递减，当企业采用技

① Komoda, F. (1986). Japanese Studies on Technology Transfer to Developing Countries: A Survey, The Developing Economics, 24 (4): 314-25.

术的价值超过成本时它们就采用。这样企业在采用时就会有时间的先后。传染病模型（epidemic model）和学习模型（learning model）假定消费者有统一的偏好，新技术的成本随着时间变化是常数，但不是所有的消费者同时知道新技术。随着时间的推移，人们对新技术的了解或者逐渐学习导致采用数量的增长。而最后市场饱和，增长率就会再次下降。

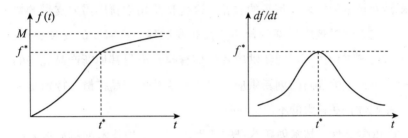

图 2 - 1　技术累积扩散的 S 型曲线（左）和技术扩散速度的钟型曲线（右）

3. 影响组织采用技术扩散的主要因素

影响组织采用创新的因素涉及四个方面的内容（图 2 - 2）：创新属性、组织中的个体、组织以及组织所处的环境。这四个方面及其所属的因素共同决定了一个组织对创新的采用（包括创新采用决策和创新在组织中的应用和推广）。

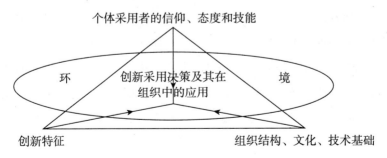

图 2 - 2　影响组织采用创新的各方面之间的关系

技术扩散有三个主体：技术创新主体、采用技术创新主体、中介传递主体。但技术创新主体和中介传递主体均不是技术扩散的主动方面，主动方面应该是采用技术创新主体（武春友等，1997）。

（1）技术创新属性

罗杰斯（2002）对技术创新的属性进行了划分。

①相对优势。厂商采用一项创新首先考虑的是最终的经济效益，既涉及技术创新采用带来的收益，也包括采用创新所需要支付的费用，包含购置技术创新的价格、在获取过程中所需要的安装费用、可能的改进费用等。创新供应者的信誉也是赢得其创新产品优势的一个方面。信誉高的创新供应者会获得更快的产品扩散，特别是新产品属性存在较大的不确定性时。

②复杂性。技术创新本身的特性决定了一项技术创新在被采纳后，是否将有很大的变化，还是相对稳定；在扩散发生后，投资设备的规模是否扩大；可变的范围有多大。厂商对于变化速度快的创新，可能会采取观望的态度，等待新一代技术的出现，这样反而会影响创新的扩散速度。有一些创新需要在辅助技术同时被采用后，才能发挥其效果。这样，从整体上看，技术创新是由几个部分组成的一个"综合系统"，这个系统越是复杂，厂商在采纳决策方面越审慎。

③协调性。对创新采用的厂商而言，创新采用往往涉及一系列问题，如是否需要前向一体化或后向一体化的改进？是否会干扰现在的正常生产？是否需要在不同的生产阶段间介入？是否需要对现有的设备和技术进行改进？等等。这时，创新供方及时为采用方解决这些问题是必要的。协调提供了对外部信息环境的评价，反映了供方与采用者的信息沟通和相互联系的活动。对采用者提供培训、技术咨询、各种服务有助于促使市场及早成熟，消除采用者的担忧。

此外，创新供给者与采用者进行协调，还能发挥采用创新"领先者"的作用，有效地使创新供给方一开始就将研发和营销过程协调起来，从而有利于创新的扩散。

④可试验性。厂商采用创新常常会选择在某个局部对创新进行试验，以减少不确定性，并为创新的全面推广提供经验。因此，创新供方的创新产品是否具有可实验性，对创新扩散的速度存在着正的影响。

⑤可观察性。创新的属性必须易于被识别。创新供方人员给创新做广告、传播信息，对采用者消除疑虑有一定作用，但采用者受自己直观感觉的影响更大。

（2）采用创新企业的学习能力

已有的相关知识为组织提供了认识新信息的价值以及将其吸收、转化为商业结果的能力，这些诸多的能力共同构成企业的"学习能力"。学习能力包括个人学习能力和组织学习能力。组织学习能力并不是组织成员学习能力的简单加总。技术基础和管理基础是形成企业创新采用学习能力的两个方面。真正形成企业学习能力的是获取、消化吸收知识的能力和创造新知识的能力。

曼斯菲尔德认为，技术扩散过程是一个学习过程。他认为，新技术在被采用的过程中，有许多技术问题需要解决，甚至有时仍要进行研发活动。在"学习曲线"中，创新刚采用时，学习的成本是比较高的。只有当这种学习达到使新产品或新技术成熟稳定后，生产成本才会下降。随着经验的增加，完成某项工作的时间会大大缩短。"干中学"可产生增量的创新，Silverburg（1988）指出，进步主要体现在将"干中学"植入了技术扩散的自组织模型中。纯粹的技术扩散是不可能的，因为任何创新的扩散都涉及调整问题。除了

"干中学"和"模仿学习"等学习方式外，技术扩散中的学习方式还有很多，如"用中学"、通过搜索过程学习、企业与供应商和顾客在交互作用中的学习、基于联盟的学习等（表2-1）。

表2-1 技术扩散中的学习方式

不同的学习方式	学习的来源	知识类型或来源
干中学	企业内部	与生产活动相关
用中学	企业内部	与产品、机器和投入的使用相关
从科技进步中学	企业外部	吸收科技的新发展知识
从产业间竞争的溢出中学习	产业外部	通过学习竞争者溢出的知识或信息可以提高效率
通过培训来学习	企业内外部	通过内外部培训来提高整个企业的知识存量
通过交互作用来学习	企业外部	与价值创造链条上的上下游企业或竞争对手合作
通过雇用来学习	企业外部	通过雇用其他企业人员来学习知识
基于联盟的学习	企业外部	与其他企业结成战略联盟来学习
通过创新和研究开发来学习	企业内部	通过内部的创新和研究开发来学习新知识
共享的学习	企业内部	企业内部部门间的学习
通过模仿来学习	企业外部	主要集中于对企业外竞争对手的产品或工艺的学习
通过搜索来学习	企业内部	主要集中于产生知识的规范化活动如研究与开发

资料来源：谢伟、吴贵生：《技术学习的功能和来源》，《科研管理》，2000年第1期。

专栏2-1 个体学习与组织学习
....

（1）个体学习

学习主要是一种个人性质的学习。个体学习是指个体在行为过程中和通过行为的结果，可以获得新的技能和知识。个体学习是组织学习的主体和基础。个体在组织中的学习至少有以下三个特点：第一，个人的学习过程是在行为过程中的学习。个体组织中的学习过程是一种经历、经验、技能和见识的学习。第二，个体的学习往往最初是一种模仿过程。模仿的对象主要是周围环境中其他人的行为。第三，一定时期学习过程的积累，个体会形成某种类型的知识结构和观点、思维方式。遇到问题，往往用自己头脑中已有的知识去分析和处理，即个体学习具有定型化倾向。

(2) 组织学习

组织层次的学习是组织作为人组成的集团的学习，是集团的知识积累和认识变化的提高。它是个体学习相互作用的产物。组织的学习过程包括两个层次：一是个人层次的学习过程；二是组织层次上知识获得的过程。组织一方面要有效地协调个人学习过程，扩大属于个人知识储备中组织可利用的部分，为实现组织目标服务；另一方面，组织要设法将个人知识转化为组织共有的知识，并将个别的、零散的知识加工综合成为系统的知识。就是说，组织学习是在个体学习的基础上，实现知识的共享并进行知识创新的过程。

在组织中，技术扩散的学习过程既是个体学习过程，也是组织学习过程。Lindsey（1986）认为，生产、技术的使用不是一个个体行为，而是一项社会活动。因此，这种学习曲线不仅存在于个人学习之中，也存在于团队的合作中、组织中和产业中。技术知识的难以转移性决定了技术扩散经常要靠技术人员和科学家的主动性，而且隐含类知识常常体现在个人能力中，因此，转移这种知识主要依靠有经验的个人的能动性。但无论个体学习在其中能够发挥多大作用，最终需要将个体学习的知识让组织成员分享，并在此基础上实现知识创新。否则，技术难以在组织中实现有效扩散。

（3）组织结构和企业文化

企业组织结构可以分为直线职能制、事业部制、矩阵制和动态联盟四种基本形式，每种组织结构都有其有利于和不利于技术扩散的方面，因此，创建一个学习型组织是促进厂商采用技术创新的组织保证。也就是说，如何使厂商通过学习和创新获得新的生命力。组织学习涉及两个方面的研究内容：一个着眼于如何传播、分享、使用和储存现有知识；另一个着眼于如何创造新知识。上述的四种组织结构，之所以都存在着对创新采用不利的一面，关键在于组织是否善于学习或组织是否是一个学习型的组织。学习型组织的创建需要物质条件、硬件基础，需要一定的制度和规则，但是，创建具有创新、团队的文化是问题的根本。塑造企业的创新文化，就是要在企业内部营造一种有利于企业创新活动开展的文化氛围，鼓励各种向风险和不确定性挑战的创新活动，努力塑造一个以企业家为核心、以集体和合作精神为力量的团队文化，敢于打破各种阻碍创新的陈旧体系，并全面理解创新的价值实现，重视以人为本。有利于企业接受技术扩散的因素可以概括如表2-2。

表2-2 有利于企业接受技术扩散的因素

项目执行的因素
• 完善的内外部交流机制，获取外界诀窍
• 将创新作为整个企业的任务，高效的职能间协调和职能平衡
• 执行谨慎的计划和项目控制程序，高质量的预分析
• 高效的技术开发和高质量的生产
• 有力的客户导向：重视满足顾客需求，开发、注重、增加用户价值
• 为客户提供完善的技术服务：有效的客户培训
• 有效的产品拥护者和技术桥梁人物
• 高质量的开发管理，开发人力资源
• 在项目间进行协调和学习

企业层面的因素
● 最高管理层对创新的承诺和明显的支持 ● 包含技术战略的长远企业战略 ● 重大项目的长期协定 ● 企业的灵活性和对变化的迅速反应 ● 最高管理层对风险的认可 ● 接纳创新、创造和谐的企业文化

资料来源：根据 Mark Dodgson，Roy Rothwell（2000）编制。

（4）市场结构

市场结构通常由竞争者数目、集中度和进入障碍来决定。一般而言，竞争者数目的增加促使竞争的密度加深，供方的高密度竞争会导致新产品的更快扩散和更高的市场渗透。在不同的市场结构下，厂商采用技术创新的行为是不一样的。在完全竞争条件下，企业采用技术创新，虽存在风险，但只要企业能够承受一定的债务风险，那么它将会因采用技术创新成功而获利。反之，若不进行创新，而当其他企业采用技术创新成功时，企业则会遭受生存风险。因此，在完全竞争条件下，企业采用技术创新的行为比较积极、主动。在完全垄断条件下，厂商采用技术创新，既与厂商的主观行为有关，还与垄断性质有关。如果垄断属于资源垄断、行业垄断或政府特许的垄断，则垄断企业采用技术创新的积极性较差；而如果属于经济性垄断或技术性垄断，则垄断厂商采用技术创新的积极性就相对要高。在垄断竞争市场条件下，既存在竞争又存在垄断，厂商只有通过技术创新和采用技术创新，才能强化自身产品与其他产品的差异性、保持自身的独一无二性以及降低产品的成本和价格。因此，厂商为了在市场上具有竞争优势，采用技术创新的积极性一般较高。在寡头垄断条件下，寡头厂商以及试图进入者采用技术创新的积极性都比较高。这主要是由于寡头厂商为了扩大自己的市场份额，巩固自己的寡头垄断地位，通过采用新技术一方面扩大自己的垄断实力，另一方面增加进入该市场的入门费。

二、影响跨国公司研发机构技术扩散的因素

1. 跨国公司研发机构的性质

（1）初始技术转让单位（TTUs）

这类研发机构的特点是：设立的主要原因是利用母公司技术支持子公司的生产，一般设在子公司内部，作为生产单元的配套设施。主要从事开发工作，规模相对较小，在跨国公司研发体系中的地位较低。

这类研发机构的技术创新主要来自母公司的技术转让，应用于子公司的生产。一般地，跨国公司转让的这类技术主要是技术创新实施技术，很少有先进的较为核心的技术。同时，由于这些技术的所有权属于母公司，因此很难向本土企业扩散。

（2）本地技术单位（ITUs）

这类研发机构的特点是：设立的主要原因是为了占领地方市场，针对地方市场开展研发活动，对产品进行地方化改造或者针对地方市场开发新产品。一般会在子公司内部设立，也有的独立于子公司设置。同时具有研究和开发职能，但开发的比重相对较大。在跨国公司研发体系中有一定地位。

这类机构的技术创新来源较多，既有母公司转移过来的技术，也有自主研发的技术，还有购买本土研发机构或企业的技术，以及合作研发的技术。由于设立这类研发机构的主要目的是占领地方市场，因此，会针对地方特点开展研发活动，以对母公司产品进行地方化改造，从而通过研发活动对原技术进行再创新，使其适用于地

方市场。如果地方在相关领域有较强的生产能力和技术水平，则这类机构也会与地方创新主体合作，购买本土技术，或者开展联合研发活动，从而产生技术创新。这类机构的技术创新一般会具有较强的地方特点，同时，由于创新产生过程中与地方创新主体有较多的互动，因而其技术创新较容易向本土扩散。

（3）全球技术单位（GTUs）

这类研发机构的特点是：设立的主要原因是利用地方研发资源，研发的成果应用于跨国公司全球产品体系。一般为独立机构。在主要职能中，研究的份额较重。在跨国公司研发体系中处于较高地位。

这类研发机构主要是利用地方创新资源进行研发和开发活动，并以研究活动为主。一般规模较大，研究人员构成中以科学家为主，基础研究和应用研究占较大比重。与本土的研究院所和大学交往较为密切，并且经常开展合作研究。技术创新以创新观点和研发创新两种形式为主。技术创新主要向母公司转移，同时，还会以论文、专利等形式向本土扩散，以及通过合作方向本土扩散。

2. 跨国公司研发机构的运作方式

从运作方式看，跨国公司离岸研发机构主要有以下四种：

（1）独立机构。这类机构一般有营利要求，在自由开展研发活动和承担母公司研发任务的同时，也会承接部分本土研发项目，以及与本土研发机构和企业进行合作研究，因此，其技术扩散的主要方向是母公司、地方研发机构以及本土企业。

（2）系统机构。这类机构一般没有营利要求，其技术创新成果主要流向母公司和相关子公司。

（3）子公司或工厂内部的研发机构。这类机构一般没有营利要求，其技术创新成果基本上用于子公司或工厂内部。

（4）联合研发机构。由跨国公司和地方创新主体共同投资成立的联合研发机构，其技术创新成果会同时向母公司、相关子公司和本土创新主体扩散。

3. 跨国公司研发机构的所有权

从跨国公司离岸研发机构的所有权来分，可以分为：

（1）独资。由于独资经营可以尽可能地减少技术外泄的可能性，因而，这类研发机构研发力量较强，技术创新水平较高。但是，跨国公司对这类机构的技术扩散控制非常严格。实际上，规模较大、地位较重要的跨国公司离岸研发机构一般都倾向于采用独资方式。调查显示，跨国公司在华的规模较大、投资额较多的研发机构，例如摩托罗拉中国研究院、三星通讯技术研究所、联合利华上海研究中心等，都是独资的。

（2）合资。有不少跨国公司离岸研发机构之所以采取合资经营的形式，主要是因为东道国政府对准许该跨国公司进入地方市场所附加的条件。为了防止公司核心技术泄漏，母公司只会将较为落后的技术转移给这些研发机构，同时，也不会投入太多的研发力量。这种研发机构对本土会有技术扩散，但仅限于侧重于技术创新实施的技术。

（3）合作。这种形式的研发机构主要以利用地方研发资源为目的，研发内容偏重于基础研究，技术扩散同时发生在跨国公司内部和地方创新体系之间。

专栏2-2　**跨国公司加速研发转移，强化对华技术控制**

来自商务部的统计，著名跨国公司以各种形式在华设立的研究开发中心约有700多家，其中2004年1至9月就设立了298家，同比增幅达到48.2%。这些研发机构主要集中在信息通信、生物制药、精细化工、运输设备制造等行业，集中在京、沪、粤、苏、津等外商投资集中的地区。

专家指出，抓紧实施研发全球化战略，正是跨国公司充分利用海外科技资源服务于跨国公司全球竞争的重要步骤。然而并不能因此认为中国已经成为跨国公司的研发重地。不能忽视的是，目前在华外资企业正在从多个角度开展技术控制战略，加强技术控制——尤其是核心技术的控制仍是在华外资企业制胜的秘密武器。

商务部发布的跨国公司对华投资趋势调研报告指出，大部分在华跨国公司的投资倾向于独资（包括产业独资和研发独资），在研发投资中，有46%的企业倾向于建立独立的研发中心。外资企业在华大部分研发项目都是以独资形式存在的，例如投资1.55亿美元的摩托罗拉中国研究院、5年投资1亿美元的朗讯贝尔实验室、投资600万美元的三星通讯技术研究所、投资1.66亿美元的联合利华上海研究中心、6年投资8000万美元的微软中国研究院、IBM中国研究中心均采取独资形式。外资企业在华的研发机构中，外方正凭借技术优势，当仁不让地追求研发机构或合资公司的控股权，以确保在价值链分配上的绝对优势，中方难以掌握核心技术。

同时，目前跨国公司在华设立的研发机构，通常处于其研发链的下游位置，跨国公司的"研发分工战略"使其难以进入核心研发层次。跨国公司将基础性研究大都放在母国进行，处于产业链的上游，实现对核心技术的垄断；而在华研发则只能游走在产业链的下游，处在不利地位。

目前，在华外资企业的研发机构很少进行基础性和原创性的创新型研究，而主要是满足对华市场开发与占有的需要，以辅助性研究机构类型居多。有关专家提供的研究数据表明，外资企业在华研发费用中试验发展活动费用高达 88%，而基础研究费用占总支出的 1%，应用研究占总支出的 10%。

资料来源：孟华：《我国离"跨国公司研发重地"还有多远?》，《经济参考报》，2005 年 1 月 22 日。

4. 本土技术水平和研发资源丰富程度

本土技术水平和研发资源丰富程度不同，跨国公司研发机构技术扩散的可能性不同。如果地方创新体系的技术水平较高，研发资源较为丰富，则跨国公司会加大研发力度，提高研发技术的层次，进行更多的研发活动，产生更多的技术创新成果，以提高市场竞争力，占领地方市场。同时，为了利用地方创新资源，跨国公司会提高研发机构的层次，更多地进行研发活动，并更多地采取联合研发的形式，与研发机构和大学、上游供应商合作，以获取基础知识和生产知识。因此，跨国公司研发机构向本土技术扩散的可能性和渠道会大大增加。如果地方创新体系技术水平较低，则跨国公司在本土的分公司主要从事产品初加工、装配等工作，不需要多高的技术支持；即使是针对地方市场的生产活动，也不需要过多的技术变化，因此，跨国公司设立研发机构只是为了支持地方生产，转移给子公司的技术水平层次低，向本土技术扩散的可能性较小。

5. 市场竞争强弱

如果东道国市场竞争激烈，跨国公司面临若干个较强对手的竞争，就会通过研发机构向子公司转移较先进技术，并提高离岸研发机构的研发水平，以提高该公司的市场竞争力。如果跨国公司在东道国市场上占有很大的市场份额，没有实力相当的竞争对手，则跨国公司在该国研发机构的研发投入少，研发水平低，很少有技术创新成果产生。近年来，汽车业跨国公司在华设立的研发机构及研发投资都在增加，规模较大的有通用泛亚汽车技术中心、大众和丰田天津汽车中心等，就是中国国内市场竞争加剧、竞争门槛提高的表现。过去，跨国公司把旧车型拿到中国来生产、销售，就可以在市场立足。随着中国汽车产品的更新加快，市场逐渐成熟，跨国公司靠引进旧车型赚取丰厚利润的日子不会再有了。同样，在化学行业，德国巴斯夫在上海设立了两个产品应用技术研究中心，其竞争对手拜尔公司也在中国设立了多个化学产品实验室研发中心，为集团实现在中国年销售额达到 5 亿美元的目标开展研发服务。

6. 政策环境

　政策环境包括东道国的知识产权保护力度、政府对跨国公司设立研发机构的政策导向、政府的工作效率等。知识产权保护力度越大，跨国公司设立研发机构从事高层次研发活动的积极性越高，产生技术扩散的可能性越大。目前，越来越多的国家和地区政府认识到跨国公司研发机构在技术扩散方面的重要作用，纷纷出台政策吸引跨国公司研发机构，并希望藉此促进本土创新主体研发水平的提高。新加坡是一个典型的案例。1990 年代以来，新加坡为跨国公司投资研发活动提供多方面的财政刺激，并大力撮合政府研究机构与跨国公司研发机构的合作关系，以吸引跨国公司在新加坡设立研发机构并推动其升级。目前新加坡已成为吸引跨国公司研发机构最多的发展中国家之一。新加坡政府同时还出台了多项计划帮助本土企业提高技术水平和创新能力，以促使其提高对跨国公司研发机构技术扩散的吸收能力。

7. 本土研发机构集聚程度与声誉

　研发机构集中分布可以享受到集聚经济，此外，地理距离的接近有助于知识流动，有利于技术扩散，尤其是创新思维的扩散。如果一个区域存在一个知名的卓越中心，那么这个卓越中心对跨国公司研发机构是有吸引力的。跨国公司会选择在这个高水平研发机构集聚的地方设立研发机构，利用本土研发机构和大学的研究成果及基础设施，雇用其人员，并与这些机构开展联合研发，这些都有利于技术创新的双向扩散。

三、跨国公司研发机构技术扩散是其与
本土创新主体之间共同作用的结果

跨国公司研发机构的技术扩散是跨国公司研发机构与地方创新主体共同作用的结果。根据跨国公司研发机构的职能和其在跨国公司研发体系中的位置，以及地方创新主体的技术水平和创新能力，可将跨国公司研发机构的技术扩散效应划分为三种情况：

1. 跨国公司研发机构以支持地方生产为主要职能，与地方创新体系联系松散，技术扩散效应不明显

不少跨国公司在东道国投资是为了利用东道国廉价的土地、劳动力资源和政府的优惠政策等，产品大部分或全部外销，设立的分公司的生产活动技术含量很低，即使设立研发机构，也主要承担支持地方生产的职能，很少或根本不进行技术创新。因此，技术扩散水平很低，即使有扩散，也仅限于生产技术和非先进技术。由于从母公司转移过来的技术已经足以满足地方生产的需要，因此其研发机构与地方创新体系之间的联系很少。

2. 跨国公司研发机构的主要职能是针对地方市场进行研发活动，帮助公司占领地方市场

根据地方创新主体技术创新能力的不同，又可分为以下两种情况：

（1）本土创新主体技术创新能力较弱，则跨国公司研发机构技

术扩散效应不明显

如果本土创新主体技术创新能力较弱，则跨国公司倾向于将核心技术保留于母公司，离岸研发机构投入少，技术水平低，从而使自己的先进技术尽量不扩散。

（2）本土创新主体技术创新能力较强，则跨国公司研发机构技术扩散效应较明显

如果本土创新主体技术创新能力较强，则跨国公司在东道国遭遇较为激烈的市场竞争，不得不加强离岸研发机构的投入，促使其加强针对地方市场的研发活动，从而提高产品竞争力。这样，跨国公司离岸研发机构就需要加强同供应商和先进客户的联系，以获取先进生产知识和用户知识；需要加强同地方研发机构和大学的联系，以获取本土相关技术的支持；甚至需要加强同地方企业的合作研发，结成联盟关系，共同扩大市场份额。这样，跨国公司研发机构向本土的技术扩散不可避免。

3. 跨国公司研发机构的主要职能是利用地方研发资源，地方创新主体创新能力强，技术双向扩散明显

在地方研发资源丰富，技术创新水平高的情况下，跨国公司会在该地的卓越中心设立研发机构，承担监听职能和研发职能。从事研发职能的跨国公司研发机构以针对全球市场和具有公司技术战略意义的研究和开发为主，主要采用独立运作和联合运作的形式，与地方创新主体联系密切，技术创新在跨国公司研发机构与本土研发主体之间双向扩散。

四、加强互动是促进跨国公司研发机构技术扩散的有效途径

互动不一定会产生技术扩散，但互动是促使技术扩散发生的有

效途径。

1. 加强本土与跨国公司研发机构互动，促使跨国公司研发机构根植入地方创新体系，是促进其技术扩散的基本条件

缺乏与地方创新体系联系的跨国公司研发机构，其实就是跨国公司研发体系在该区域的一块"飞地"，很难产生技术扩散。同时，在很多国家和地区都在大力吸引跨国公司研发机构的情况下，这样的跨国公司研发机构很容易从本区域迁出，完全脱离本区域创新体系。因此，只有大力加强本土与跨国公司研发机构的互动，通过前向联系、后向联系、信息共享、基础设施共享等多种渠道，将其根植于地方创新体系，才有可能谈到进一步地促使跨国公司研发机构向本土技术扩散。

2. 地方创新主体主动与跨国公司研发机构互动，帮助其提高技术创新能力，是促使其技术扩散的前提条件

研究显示，不少跨国公司在刚对东道国进行研发投资的时候，会先选择设立规模较小、技术水平不高的支持生产型研发机构。这类研发机构投入小，人员少，研发能力较弱。这时，如果地方能够为其提供一定的研发基础设施条件、资金资助、人员支持等，则可以促使跨国公司考虑将这类研发机构升级，赋予其更高的职能。例如，新加坡政府要求政府研究机构为跨国公司研发机构提供人员和技术支持，已经对跨国公司扩大在新加坡的研发机构规模、增加研发职能起到了积极的作用（Wong，2002）。前已述及，不同性质的跨国公司研发机构能产生不同的技术扩散效应。因此，通过本土技术创新主体主动与跨国公司研发机构进行多种渠道、多个形式的互动与联系，促使其升级和提高技术创新能力，就为以后从跨国公司研发机构获得技术扩散打下了基础。

另外，地方创新主体主动与跨国公司研发机构互动，能够参与跨国公司技术创新过程，从而提高该技术的协调性和可观察性，有利于该技术向本土的扩散。

3. 加强本土与跨国公司研发机构互动，有利于跨国公司研发机构技术扩散的信息传播，是促使其技术扩散的辅助条件

传播渠道是技术扩散的重要环节。技术扩散是一个非常社会化的过程①，本土创新主体与跨国公司研发机构之间的密切的互动，会拓宽技术扩散的传播渠道。同时，密切的互动有助于提高本土创新主体与跨国公司研发机构之间的相同性，从而使传播更为有效。

4. 加强本土与跨国公司研发机构互动，可以获取跨国公司研发机构的知识溢出，是促使其技术扩散的空间条件

空间接近使知识溢出效应更加明显。本土创新主体与跨国公司研发机构的近距离接触，为它们获取后者的知识溢出提供了便利条件，使得创新观点的扩散更加方便。如果本土创新主体本身研发水平较高，则会形成其与跨国公司研发机构之间的双向互动，产生知识的双向溢出，双方都能够从中受益，从而提高区域创新体系的整体创新能力。

5. 加强本土与跨国公司研发机构互动，可以帮助地方创新主体学到跨国公司研发机构的管理知识，提高接受技术扩散的能力

跨国公司研发机构在技术创新管理方面具有较高的管理水平。地方创新主体可以通过与跨国公司研发机构的互动，学习到后者的创新管理的观念、技术和知识，并将其应用于研发管理实践，提高技术创新能力，从而从根本上提高接受技术扩散的能力。

---

① ［美］埃弗雷特·M.罗杰斯著，辛欣译：《创新的扩散》，中央编译出版社，2002年，p.17。

专栏2-3 外国直接投资企业对华扩散极为微弱

2003 年 11 月结题的国家软科学重大课题《利用外资与提高我国自主创新能力》课题组对北京、上海、苏州和东莞等进行的一次大型问卷调查表明，在华外资企业的研发活动并不活跃，它们大多是跨国公司母公司技术的接受者和应用者，而不是新技术的创造者。调查中有 6 成的企业设有独立的研发机构，但研发队伍规模普遍偏小，近 3/4 的企业年研发经费在 500 万元以下，研发人员数量在 50 人以下的企业占了绝大多数。此外，在研究课题、经费投入、人员构成等方面，在华外资企业的研发机构都与真正意义上的跨国公司研发部门存在巨大差距。另外，跨国公司研究开发活动的产出也不尽如人意。专利申请量、授权量以及新产品产值等指标所反映出来的情况表明，跨国公司在华投资企业的技术活动是比较微弱的。

一般来说，外国直接投资企业对当地技术扩散的一个主要途径就是技术联系，而本次问卷调查显示，在华外资企业与本地企业、政府研究机构、大学以及其他组织之间的技术联系非常少。60% 的企业在问卷中表示与当地政府没有合作经历，77% 的企业在问卷中则表示没有与政府研究机构有过正式合作，79% 的企业没有与国内企业进行结盟的意愿。由此可见，外资企业与当地政府、研究机构和国内企业合作的发生率非常低，即便存在合作，其形式也以"技术咨询"、"人员交流"等非常规的、非正式的模式为主。这样的机制对于外国技术向当地的扩散是相当不利的。

资料来源：王一娟：《外企对华技术扩散极为微弱》，《经济参考报》，2003 年 11 月 18 日。

第 三 章

跨国公司海外研发机构的
区位选择与区位分化

国际技术转移，就其本质而言，就是技术创新的国际扩散。任何一国的经济增长都不可避免地与成功的国际技术转移相联系①。跨国公司以其雄厚的资金和强大的技术力量成为国际技术转移的主要承担者，是当今国际技术转移中最活跃、最有影响的力量，垄断着世界技术市场。20世纪80年代以来，跨国公司在国际技术转移方面出现了一个显著的特点，即研发国际化程度不断提高。长期以来，在跨国公司的诸多业务经营领域中，研发一直是国际化程度较低的业务领域。跨国公司的研发机构主要集中于母公司，因为企业担心在其他地区或者国家建立研发机构会导致企业技术秘密外泄，从而削弱本公司的竞争力。实际上，在20世纪80年代之前，即使有部分跨国公司在海外设立了研发机构，这些研发机构也主要布局于其他的发达国家，并形成了20世纪90年代初期全世界跨国公司研发

---

① 王春法：《技术扩散的三个特点——跨国公司与国际技术转移》，《瞭望新闻周刊》，2000年4月17日第16期，pp. 18 – 19。

投资集中于美国、日本和欧盟三个地区的"大三角"格局①。进入20世纪90年代后期，跨国公司研发活动向发展中国家的扩散成为新的全球动向，在理论上对传统跨国公司理论提出了挑战，在实践中则为发展中国家接受技术扩散、进而融入国际技术循环提供了新的契机。

一、跨国公司海外研发投资的发展

所谓跨国公司海外研发投资，是指跨国公司在母国之外投入一定数量的资金进行研发及其相关活动。广义地讲，这些活动包括：（1）建立或购并研发机构；（2）公司制造、服务或研究机构的研发支出；（3）研发联盟；（4）授权协议以及合同研究。狭义地讲，只包括前两个方面的内容。在本书中，如无特别说明，则仅指狭义的研发投资。

1. 发展历程

早在20世纪30年代，欧洲和美国最大的公司均已开始海外研发投资。到1960年代，跨国公司研发全球化现象初现端倪，尤其是在技术密集型行业。1965年，在 Kuemmerle（1999）调查的32家电子和医药行业的世界著名公司中，6.2%的研发活动是在海外进行的。1986年，荷兰和瑞士公司在海外建立的研发实验室多于其母国的实验室（Pearce and Singh，1992）。

大多数研究者认为，虽然1970年代前已有跨国公司海外研发投资出现，但具有普遍意义的跨国公司海外研发投资开始于1980年代

---

① Patel, P. and K. Pavitt (2000), Globalization of technology amongst the world's largest firms: Patterns and trends, paper presented at the Conference on 'The Measurement of Industrial Technological Competitiveness in the Knowledge-Based Economy', Taipei: 23 – 24 August.

后期（Cantwell，1995）。1990 年代，跨国公司海外研发投资逐渐增加，在东道国的产业研发支出中占的比重越来越大。在 1993 年到 2002 年期间，全世界外国子公司的研发开支从大约 300 亿美元攀升到了 670 亿美元（即从全球工商研发的 10% 升至 16%）（UNCTAD，2005）。从图 3 - 1 可以看出，在西方七国①，从 1980 年到 1999 年，尤其是从 1980 年代后期开始，外国公司研发投资占本国产业研发投资的比重都有较大程度的增加。到 21 世纪初，欧盟国家的跨国公司已成为全世界研发国际化程度最高的公司，其研发国际化水平平均达到 41%，而北美和日本跨国公司的研发国际化平均水平分别为 24% 和 15%（UNCTAD，2005）。同发达东道国相比，跨国公司在发展中国家的研发投资的增幅更大：外国子公司在发展中世界工商研发中的份额在 1996 年到 2002 年期间从 2% 上升到了 18%，而同期发达国家的该指标从 11% 增加到 16%（UNCTAD，2005）。

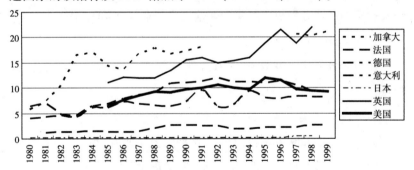

图 3 - 1　跨国公司在西方七国的研发投资占该国产业研发投资额的比重，1980 ~ 1999（%）

资料来源：National Science Foundation（NSF）（2002）. Science and Engineering Indicators 2002. http：//www. nsf. gov/.

① 指美国、日本、英国、德国、法国、意大利和加拿大。

2. 产业分布

计算机和电子产品、化学和运输设备是跨国公司海外研发投资额最高的三类产业，但来自不同母国的跨国公司之间有一定差异。美国跨国公司这三个产业的海外研发投资都较多。2002 年，美国跨国公司海外研发投资中，运输设备所占份额最大，为 31.09%；计算机和电子产品次之，为 28.23%；居第三位的是化学产业，为 25.78%。这三个产业合计占制造业的 85.10%（BEA，2006）。日本跨国公司的海外研发投资以电子设备和化学产业最为集中，1994 年，这两个产业分别占日本海外研发投资总额的 39.44% 和 37.46%；此外，运输设备产业占 8.08%，其他产业都只占很少的份额（MITI，1998）。德国跨国公司的海外研发支出以化学产业为主，所占份额高达 60%，其次是电子和电器设备产业，占 15%；此外，运输设备产业也占一定的份额（OECD，1998）。其他欧洲国家的跨国公司海外研发投资的产业分配也大致集中在这三个产业（OECD，1998）。

3. 空间格局

在空间分布上，跨国公司海外研发投资主要有以下三个显著特点：

（1）集中于美、欧、日"三极"

美国、日本和欧盟是目前全世界跨国公司研发投资最为集中的三个地区，有学者将这一现象称为"大三角化"[①]。跨国公司海外研发投资在美、日、欧三极地区的集中，主要表现在两个方面：一是

---

① Patel, P. and K. Pavitt (2000), Globalization of technology amongst the world's largest firms: Patterns and trends, paper presented at the Conference on 'The Measurement of Industrial Technological Competitiveness in the Knowledge-Based Economy', Taipei: 23 – 24 August.

跨国公司在这三个地区（国家）的研发投资远远多于世界其他地区；二是跨国公司研发投资的流入流出都集中在"三极"内的国家之间。"三极"的国家研发支出总额占世界研发支出总额的80%以上[①]。同时，这些国家中外资研发支出所占比重也较高。跨国公司研发资金在"三极"之间的流动情况见图3-2。

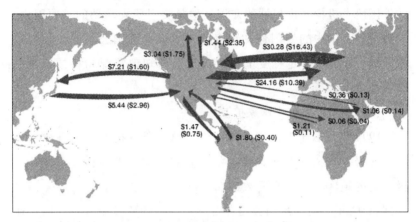

图3-2 跨国公司研发投资的全球流动状况示意图，1998年和2008年

注：括号里是1998年的数据。

资料来源：NSF（2012），Science and Engineering Indicators 2012. http://www.nsf.gov/.

（2）向"三极"中的知识和技术高地集中

研究表明，跨国公司海外研发投资不仅向美、日、欧三极地区集中，而且更加集中于这些地区中的少数知识和技术高地（杜德斌，2001）。在美国，计算机、半导体、软件产业跨国研发投资以硅谷地区最为集中；来自欧洲的医药与化学产业的跨国研发投资主要分布在新泽西普林斯顿大学周围；而生物产业和通讯产业的跨国研发投

---

① 包括欧盟的15个成员国、美国和日本。根据IMD（2003）数据计算。

资则更青睐北卡罗来纳州。底特律地区作为美国传统汽车产业集中地，已经成为外国汽车公司研发机构的重要聚合地。跨国公司在世界其他地区的研发投资也具有这一特征。例如，英国剑桥大学附近已成为计算机及软件领域的世界著名跨国公司的研发机构相对集中的地方；印度的班加罗尔，也在一定程度上吸引了软件等产业的外国研发机构。世界性的知识高地是吸引研发活动的重要因素。这些全球范围内的专门性知识高地不仅成为跨国公司研发投资的聚合地，而且在一定程度上也变成了全球知识资源和科技资源的聚合地。

（3）逐步向发展中国家扩散

1990年代后半期以来，跨国公司海外研发投资已经开始出现向"三极"之外扩散的现象。统计资料表明，美国和日本在"三极"之外地区的研发投资数额在不断上升。以美国为例，从1996年到2002年，美国跨国公司在发展中国家的研发投资年均增长速度高达37%，占其海外研发投资额的比重达到1/4左右，发展中东道国的数目也从1982年的4个增加到30个左右（楚天骄，2008）。在一些发展中国家，由跨国公司投资设立的研发机构在不断增多。以中国为例，从1994年加拿大北方电讯公司设立第一家外资研发中心开始，到2010年底，跨国公司在华设立的各类研发中心已达1400多个。

二、跨国公司在发展中国家的研发投资

对发展中国家的界定主要有四种①。本文采用联合国的分类标

---

①　张培刚：《发展经济学教程》，经济科学出版社，2001年。

准，即发达国家包括加拿大、美国、欧盟成员国①、瑞士、澳大利亚、新西兰、日本、以色列和南非，除此之外的其他国家都属于发展中国家。

1. 发展过程

根据发展速度的变化情况，可将跨国公司在发展中国家研发投资的发展过程划分为以下三个阶段：

（1）缓慢增长阶段（1960 年代后期到 1980 年代末）

本阶段的主要特点是投资数额少，发展速度慢。早在 1960 年代后期，美国、欧洲的跨国公司就在发展中国家有少量的研发投资。例如 1966 年美国跨国公司在发展中国家的研发投资为 2900 万美元，仅占其海外研发投资的 2.80%。在整个 1970 年代和 1980 年代，跨国公司在发展中国家的研发投资并没有显著的增加，占其海外研发投资总额的比重始终保持较低份额。以美国为例。从 1966 年到 1977 年，尽管美国跨国公司在发展中国家研发投资的年平均增长速度比其海外研发投资的增长速度高 6.06 个百分点，但是，由于 1966 年的基数太小，1977 年，其在发展中国家的研发投资额仅为 4.06 亿美元，占其海外研发投资总额的 4.39%。1970 年代末到 1980 年代是美国跨国公司海外研发投资增长最快的时期，年平均增长速度达到 13.36%（见图 3-3）。但是，其在发展中国家的研发投资的增长速度却明显放缓，比前者低 2.43 个百分点，致使 1990 年美国跨国公司在发展中国家的研发投资占其海外研发投资的比重下滑到 3.35%。从 1960 年代后期到整个 1980 年代，美国跨国公司在

---

① 截至 2001 年 1 月 1 日，欧盟成员国共 15 个，分别是法国、德国、意大利、荷兰、比利时、卢森堡、丹麦、爱尔兰、英国、希腊、西班牙、葡萄牙、奥地利、芬兰和瑞典。

发展中国家的研发投资占其海外研发投资的比重始终在4%左右徘徊（见图3-3）。

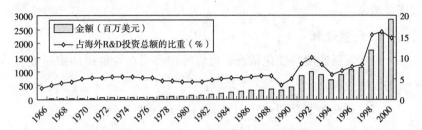

图3-3 美国跨国公司在发展中国家的研发投资金额及其所占比重

资料来源：NSF（2012），Science and Engineering Indicators 2012. http://www. nsf. gov/.

表3-1显示，在1990年代之前，跨国公司在印度和我国台湾地区的研发支出占该国或地区所有产业研发支出的比例也一直处于低水平稳定状态。

表3-1 部分发展中国家和地区外资公司研发支出占该国或
地区所有产业研发支出的比例，1986~1999（%）

国家/地区	1986	1987	1988	1989	1990	1991	1992	1993	1994	1995	1996	1997	1998	1999
捷克	–	–	–	–	–	–	–	–	–	–	–	1.3	2.7	6.4
匈牙利	–	–	–	–	–	–	–	22.6	21.8	44.4	65.3	78.5	–
印度	–	0.5	0.4	0.3	0.4	0.4	–	2.0	1.6	–	–	–	–	–
中国台湾	28.0	26.2	26.1	23.1	29.9	52.9	33.1	24.5	65.3	–	–	–	–	–
土耳其	–	–	–	–	–	–	16.3	29.4	32.8	21.7	18.6	10.1	–
新加坡ᵃ	–	–	–	–	–	–	–	73.3	65.1	67	61.2	55.8	55.8
俄罗斯	–	–	–	–	–	–	1.9	5.1	6.1	8.5	11.1	–

资料来源：UNCTAD（2002）。其中，a来自新加坡国家科学技术局（NSTB）（2000）。

（2）波动上升阶段（1990年代前半期）

本阶段的特点是投资额增加快，增长速度起伏大。1991年~

1995 年, 美国跨国公司在发展中国家研发投资的年均增长速度为 21.11%, 但各年的增长速度起伏非常大, 增长最快的 1992 年高达 96.06%, 而 1995 年出现负增长, 增值为 -23.77%。投资增长速度 的大起大落使得美国跨国公司在发展中国家的研发投资占其海外研 发投资总额的比重也在不断波动: 从 1991 年的 4.60% 上升到 1993 年的 8.89%, 再下降到 1995 年的 5.40% (图 3-3)。日本跨国公司 在发展中国家的研发投资也存在类似情况。1990 年代初, 日本跨国 公司海外研发投资步伐开始加快, 但其在发展中国家研发投资的增 长情况却很不稳定 (图 3-4)。1990 年, 日本跨国公司在亚洲的研 发投资为 58.44 亿日元, 占其海外研发投资的 9.04%; 1993 年和 1994 年, 分别为 68.80 亿日元和 11.86 亿日元, 但占其海外研发投 资的比重却下降到 4.92% 和 5.80% (表 3-2)。可见, 在这个时期, 日本跨国公司对发展中国家研发投资的增长速度明显慢于其在发达国 家研发投资的增长速度。从发展中国家接受跨国公司研发投资的情况 来看, 1990 年代前半期也表现出这种不稳定的状况。尽管增长不够稳 定, 但 1990 年代中期, 跨国公司在发展中国家的研发投资在其海外研 发投资中的比重较 1990 年代以前有明显提高 (图 3-3; 表 3-1)。

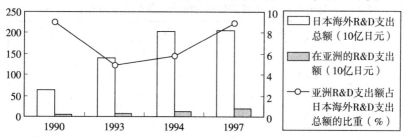

图 3-4　日本跨国公司海外研发支出情况

资料来源: 1990、1993 和 1997 年数据来自日本 MITI (1991、1994、1998); 1994 年数据来自 OECD (1998)。

（3）快速发展阶段（1990 年代中期以后）

本阶段的显著特点是投资数额持续快速稳定增长，在跨国公司海外研发投资中的地位迅速提高。1990 年代后期，尤其是进入 21 世纪，跨国公司在发展中国家的研发投资表现出明显的加速上升趋势。从 1996 年到 2002 年，美国跨国公司在发展中国家的研发投资年均增长速度高达 37%，占其海外研发投资额的比重达到 1/4 左右，发展中东道国的数目也从 1982 年的 4 个增加到 30 个左右。日本跨国公司在发展中国家的研发投资也有较大幅度的增加。1997 年，日本跨国公司在亚洲的研发投资为 184 亿日元，比 1994 年增加了 55%，占其海外研发投资总额的比重也从 5.8% 提高到 8.9%。发展中国家接受的来自跨国公司的研发投资越来越多。在中国，从 1997 年开始，跨国公司设立的研发机构急速增加。1997 年之前，跨国公司在中国设立的研发机构仅 29 家左右，到 2003 年 9 月，在华外商投资研发机构已超过 400 家，其中由大型跨国公司设立的独立研发机构就超过 150 家①。在俄罗斯，跨国公司研发投资占该国产业研发投资的比重也在不断提高。1994 年，这一数字为 1.9%，1998 年已迅速提高到 11.1%（UNCTAD，2002）。

表 3－2　部分年份ᵃ日本跨国公司的海外研发支出（10 亿日元，%）

	1990		1993		1994		1997	
	金额	比例	金额	比例	金额	比例	金额	比例
海外研发支出	64.65	100	139.90	100	204.47	100	205.70	100
其中：北美	42.53	65.78	62.34	44.56	108.37	53.01	111.40	54.10
欧洲	13.75	21.27	68.90	49.25	76.80	37.56	75.30	36.60
亚洲	5.84	9.04	6.88	4.92	11.86	5.80	18.40	8.90

①　参见《上海金融报》，2003 年 9 月 11 日第 1 版。

续　表

	1990		1993		1994		1997	
	金额	比例	金额	比例	金额	比例	金额	比例
拉美	0.44	0.67	0.40	0.28	n.a.		n.a.	
大洋州	2.04	3.15	1.35	0.96	n.a.		n.a.	
中东	n.a.		n.a.		0.25		n.a.	

注：a 指财年。n.a. 指数据缺失。

资料来源：根据日本 MITI（1991、1994 和 1998）计算。

2. 现状特点

（1）亚洲和拉美成为发展中世界的两极

跨国公司在发展中国家的研发投资在区域分布上非常不均衡，高度集中于亚洲和拉美。2001 年，美国跨国公司在亚洲和拉美的研发投资分别占其在发展中国家研发投资总额的 79.3% 和 19.0%，二者合计为 98.3%。日本跨国公司在发展中国家的研发投资也集中于亚洲。1997 年，日本跨国公司在亚洲的研发投资占其在发展中国家研发投资的 95%。

尽管近年来跨国公司在发展中国家的研发投资增长较快，但总体看来，跨国公司在发展中国家的研发投资额仍远远低于发达国家。2001 年，美国跨国公司海外研发投资中，有 85.3% 集中在 22 个发达国家，14.7% 分布在 29 个发展中国家和地区，在其余 120 多个发展中国家中几乎为 0。日本跨国公司的海外研发投资中，发展中国家所占份额更少。可见，跨国公司在发展中国家的研发投资尚处于相当低的水平。较低的总体水平使得跨国公司研发投资在亚洲和拉美这两个区域的空间极化现象更为显著。

（2）若干热点国家（地区）正在浮现

在众多发展中国家中，正在出现若干个吸引跨国公司研发投资的热点国家和地区。1990 年代后期以来，美国跨国公司在新加坡、中国大陆、中国香港、墨西哥、马来西亚、韩国、中国台湾和菲律宾这 8 个国家或地区的研发投资增幅都比较大，2001 年投资额都达到了 1 亿美元以上。此外，尽管在巴西的研发投资的增长速度在下降，但仍保持了较大的投资额（图 3 – 5）。日本跨国公司在亚洲的研发投资中，韩国、中国台湾、中国香港等国家和地区约占 53.9%，东盟（ASEAN①）占 44.4%，中国占 1,7%（OECD，1998）。在拉美国家，日本跨国公司的海外研发机构主要集中在墨西哥和巴西。1999 年，日本在这两个国家的研发机构分别为 26 个和 40 个（UNCTAD，2001）。可见，上述国家和地区正在成为跨国公司在发展中国家（地区）研发投资的热点区域。由于跨国公司海外研发投资具有集聚的倾向（OECD，1998），因而，可以预见，这些经济体将吸引更多的跨国公司研发投资。

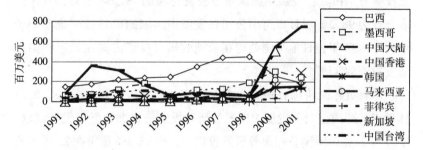

图 3 – 5　1990 年代以来美国跨国公司研发投资增长最快的发展中经济体

资料来源：根据 BEA（1993～2002）绘制。

（3）研发机构进一步向少数焦点区域集中

调查显示，跨国公司在发展中国家的研发投资主要集中于各国

---

① 东盟（Association of Southeast Asian Nations，英文缩写为 ASEAN），成立于 1967 年，目前成员国有：印度尼西亚、马来西亚、菲律宾、新加坡、泰国、文莱、越南、老挝、缅甸和柬埔寨 10 个国家。

或地区的知识高地。以亚洲为例。根据 1999 年对 155 个外国研发机构和 432 个国内研发机构的调查显示，跨国公司在亚洲的研发机构主要集中在少数区域：韩国的仁川；中国内地的北京、上海、广州－深圳地区；中国香港；中国台湾的台北；马来西亚的吉隆坡；新加坡；菲律宾的马尼拉（见图 3 - 6）（UNCTAD，2001）。

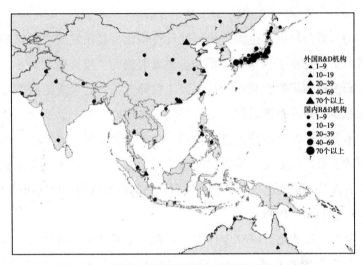

图 3 - 6　跨国公司研发机构在亚洲的分布，1999

资料来源：UNCTAD，2001。

（4）产业的空间分化明显

计算机和电子产品、医药、化学和运输工具（汽车）是跨国公司在发展中国家研发投资最多的产业。但是，不同母国的跨国公司在不同国家和不同区域研发投资的产业分布也存在一定的差异。美国跨国公司在发展中国家的研发投资集中在计算机和电子产品、化学、运输设备产业。2001 年，美国跨国公司这三个产业的研发投资额占其在发展中国家研发投资总额的比重分别为 49.6%、9.4% 和 4.3%。在亚洲国家，美国研发投资主要集中在计算机和电子产品行业，投资额占美国在亚洲的制造业研发投资额的 58.3%；在拉美和欧洲发展中国家则以化学产业为主（比重分别为 35.71% 和 31.79%）。日本跨国公司在亚洲的研发投资集中在电子设备、运输设备和非电子机械产业。其中，在东盟的投资以电子设备产业最为集中，在中国则以电子产品和运输设备为主。

（5）"R"相对集中，"D"趋于分散

与跨国公司在发达国家的研发投资相比，其在发展中国家的研发投资更加侧重于从事开发活动。主要表现为：投资数额较小，设立的研发机构规模也较小；员工以工程师为主，高素质的研究型科学家很少；接近生产机构，主要职能是支持地方生产以及为销售提供技术支持。以日本跨国公司为例，其在亚洲发展中国家进行研发投资的主要目的是支持地方生产和满足地方市场的需求，研发机构的研究人员人均支出仅及其在美国和欧洲的研发机构人均支出的 1/6 ～1/7（OECD，1998）。

值得注意的是，1990 年代中期以来，越来越多的跨国公司开始在发展中国家投资设立以研究为目的的研发机构。以中国为例，1995 年 IBM 在北京成立了 IBM 中国研究中心，从事中文语音识别、机器翻译和电子商务等领域的研究，是 IBM 在全球的第七个科学实验室。1998 年，微软公司在中国设立研究中心专门开发中文软件及中文语音识别技术。2004 年年初，罗氏制药在中国设立研发中心，致力于药物化学领域的研究。此外，具有基础研究和应用研究功能的跨国公司研发机构还有诺基亚（中国）研究中心、贝尔实验室等。

从空间分布上看，以研究为主要目的的研发投资相对集中于少数发展中国家和地区，而以开发为主要目的的研发投资则更为分散。Von Zedtwitz 和 Gassmann（2002）于 1998 年对 81 家技术密集型跨国公司的 1021 个研发位置进行了调查。这些跨国公司在发展中国家的研发机构①共计 217 家，其中研究性质的 45 家，开发性质的 172 家，广泛分布于亚洲、拉美、东欧和非洲。其中，具有研究职能的研发机构空间分布更为集中，仅限于亚洲的韩国、印度、中国和新加坡，拉美的巴西和墨西哥，欧洲的俄罗斯；具有开发职能的研发机构则相对较为分散。

（6）与 FDI 的分布不尽一致

尽管研发投资是跨国公司对外直接投资的组成部分，但它在发展中国家的分布状况与 FDI 并不完全一致。以美国跨国公司为例，分别计算 2001 年美国跨国公司在 28 个发展中国家的研发投资占其在发展中国家研发投资总额的比重以及其在这些国家的 FDI 占其在发展中国家 FDI 的比重，可以发现，二者存在较大差异：在 28 个国家中，前者大于后者的有 9 个国家，后者大于前者的有 19 个国家，在新加坡和中国，这两个指标的差距分别达 20.26 个和 15.08 个百分点。从空间分布上看，在拉美国家，美国跨国公司 FDI 的比重大于研发投资的比重；在亚洲国家则相反。这也再一次证明了跨国公司研发投资向亚洲的倾斜。

（7）资金以单向流动为主

在发达国家，美、欧、日三极之间的研发资金流具有双方互动投资的特点（杜德斌，2001），但在发展中国家，研发投资则以从发达国家向发展中国家的单向流动为主，来自发展中国家跨国公司的研发资金较少。1987 年～2002 年，跨国公司在中国内地设立的 82

---

① 在 1021 家 R&D 机构中，有 420 家是跨国公司设在母国的。但是，由于 81 家公司中来自发展中国家的只有 5 家，因此，绝大部分发展中国家的 R&D 机构是非本国跨国公司所设。

家研发机构中，来自欧洲（包括丹麦、德国、法国、芬兰、瑞典、瑞士、英国、荷兰等国）、美国、日本和加拿大的分别占 25.6%、37.8%、2.4% 和 22.0%；来自亚洲发展中国家和地区的占 11.0%，其中来自韩国的 3 家，来自中国台湾的 4 家，中国香港 1 家①。在中国台湾，截至 1999 年，来自日本、美国和欧洲的跨国公司设立的研发机构分别占跨国公司研发机构的 43%、25% 和 18%，来自东南亚国家的跨国公司设立的研发机构占 13%（Liu，Chen and Lin，2002）。

三、跨国公司在发展中国家研发投资区位的分化

1. 跨国公司在发展中国家研发投资的区位影响因素

跨国公司海外研发区位的影响因素主要有 FDI 的规模和类型，东道国的结构特征和政策环境对创新活动所需的资源和条件的满足程度等。

（1）在东道国的直接投资规模

跨国公司海外研发投资与其海外子公司在产销等方面所占的比率存在显著的线性关系。跨国公司在东道国的研发投资额还与 FDI 建立的经济实体对东道国的市场渗透程度相关。渗透程度高反映了东道国的政策环境和基础设施对商务活动的吸引力大。

（2）东道国市场规模

东道国的市场规模对跨国公司建立研发机构具有重要影响。海外研发机构经常靠近 FDI 企业的主要市场地。

（3）地方经营的技术强度

技术强度高的子公司通常比其他子公司需要更多的技术投入，

---

① 中国科技统计网：《跨国公司在华设立 R&D 机构的特点与趋势》，http：// www. sts. org. cn/。

因而，拥有较多技术密集型子公司的东道国可能吸引更多的跨国公司进行研发投资。

（4）地方生产的市场指向

子公司的市场指向对地方研发投资有影响。完全为地方市场服务的子公司，为满足本土化市场需求，需要母公司的技术投入，以调整产品使之适应地方市场的需求。

（5）东道国的科学技术资源

大多数跨国公司海外研发活动是为了获取东道国的科学技术资源，并通过研发活动整合和优化资源，获取知识溢出效应。科学技术资源包括科研人员的数量和质量、高校和科研机构的数量和质量、研究设施和技术装备、科研成果的水平、专利的数量、科技的投入等。因而，在其他条件相同的情况下，科学技术资源禀赋高的国家将吸引更多的跨国公司研发活动。

（6）低成本人力供应

跨国公司的研发支出中，劳动力成本占重要部分。为此，在其他条件相当的条件下，其海外研发机构会选址于科学技术人员成本低的国家。

（7）通讯设施

研发活动要求位于不同区位的生产和研发单位之间能进行无时空限制的联系，因此，完善的通讯设施是吸引跨国公司研发的最低要求，也是必要条件。

（8）东道国知识产权保护力度

知识产权问题对东道国吸引跨国公司研发投资的影响，应具体情况具体分析。关键性的研发中心，跨国公司乐于将其布局在对知识产权保护力度很高、且执法很严的国家；对一些以占领东道国市场为目标的、为地方性生产提供技术支持的研发中心，知识产权保护力度与其区位布局并无很大相关性。

（9）东道国政策环境

与其他类型的 FDI 一样，跨国公司研发直接投资无疑也会受东道国政策环境的影响。东道国鼓励跨国公司研发活动的政策能够起到降低研发活动成本、提高研发效率的作用，有利于吸引跨国公司研发投资。同时，东道国政府政策也会影响到该国风险市场的发育。风险市场较发育的东道国，更有利于吸引跨国公司研发投资。

2. 区位条件评价

（1）跨国公司海外研发投资的分类

Dicken（1998）将跨国公司的 R&D 过程分为三个主要阶段（图 3 - 7），每个阶段具有不同的区位要求：

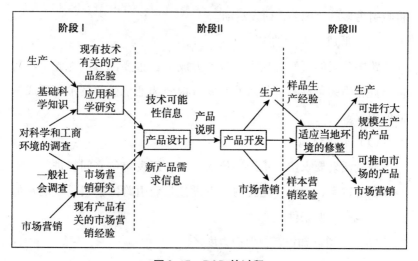

图 3 - 7　R&D 的过程

资料来源：Dicken（1998），p. 211。

阶段Ⅰ：本阶段的重点是应用东道国的科学技术资源，以及进行市场研究，主要的区位要求是接近科学技术和市场信息的基础资源——大学、研究院所、贸易协会等；

阶段Ⅱ：本阶段的重点是产品设计和开发，要求大规模的团队工作，即接近能够大量供应高素质科学家、工程师和技术工人的区位；

阶段Ⅲ：本阶段的主要工作是支持生产和新产品在地方环境中的应用。区位要求是接近用户，包括生产部门和营销部门，以方便双向接轨。

按照 Ronstadt（1977）对跨国公司海外研发机构的分类，可将其分为全球技术单位（GTUs）、本地技术单位（ITUs）和初始技术转让单位（TTUs）三种类型。每种类型的海外研发机构的主要职能分别对应于 R&D 活动全过程的阶段Ⅰ、阶段Ⅱ和阶段Ⅲ。Kuemmerle（1999）则将海外研发机构划分为母国基础充分利用型（home-base-exploiting）和母国基础扩大型（home-base-augments）两种类型，第一种类型对应于阶段Ⅲ，而第二种类型包括了前两个阶段。

综合考虑他们的研究成果，结合企业的知识观，笔者认为，企业研发机构的功能是进行知识生产并对生产出来的知识加以利用，因此，可以将研发机构的职能划分为知识生产和知识利用，前者对应于阶段Ⅰ和阶段Ⅱ，后者对应于Ⅲ。于是，可对研发机构的这两种类型做如下界定：

所谓知识利用，是指对公司已经掌握的知识和技术加以充分利用，主要是从母公司向海外子公司进行技术转让，或者为地方生产提供技术支持，知识的流向是从母公司流向子公司，海外研发机构的主要使命是接受母公司技术转移、对母公司技术进行地方适应性调整和工艺调适。由于地方研发机构接近生产机构和地方客户，因而也会产生一定的创新，但这些新知识主要应用于地方市场，而向母公司的反向知识流动较少。所谓知识生产，是指跨国公司以接近地方创新体系，获取母国稀缺的补充性资产，生产公司所需的新知识为主要目的而进行的海外研发活动。知识的流向是从海外研发机构流向母公司；海外研发机构的使命是将公司现有创新资源与地方创新资源相结合，融入地方创新体系，从地方创新活动中获取溢出效应，生产母公司持续技术创新所需的新知识，为增强公司的全球竞争力服务。

按照上述对跨国公司海外研发机构类型的界定，可以相应地将跨国公司海外研发投资划分为两种类型：以知识利用为主要目的的海外研发投资为知识利用型研发投资；以知识生产为主要目的的海外研发投资为知识生产型研发投资。

根据阶段Ⅰ、Ⅱ和阶段Ⅲ的区位要求，笔者认为，知识利用型和知识生产型跨国公司海外研发投资的区位影响因素不同，前者的主要影响因素包括：东道国市场规模和跨国公司地方生产的性质；后者的主要影响因素包括：东道国研发资源、基础设施条件和政策环境。下面分别对跨国公司海外研发投资的总体区位条件、知识利用型研发投资的区位条件和知识生产型研发投资的区位条件予以评价。

（2）指标体系设计

笔者首先将跨国公司海外研发投资的影响因素分解为知识利用型研发投资的影响因素和知识生产型研发投资的影响因素两个一级指标，并分别对这两个分指标进一步分解。前者的二级指标包括市场规模、FDI 和出口；后者的二级指标包括东道国研发资源、基础设施和东道国政策环境。二级指标分别再分解为若干个三级指标。这样，整个指标体系共分三层，由 2 个一级指标、6 个二级指标和 24 个三级指标组成（见表 3-3）。

（3）对象选择和数据来源

根据研究需要和数据的可获得性，本书选择24个发达国家以及24个发展中国家和地区作为研究对象。发展中国家和地区的选取，主要是综合考虑其发展水平和吸收外国FDI的多少，并注意其在世界经济中的地位。具体选择时主要参考联合国贸易和发展会议（UNCTAD）的世界投资报告，从中选取吸收跨国公司FDI较多的国家。此外，照顾到资料的可获得性，对所选发展中国家做进一步筛选，最终确定的研究对象为24个发展中国家和地区，其中亚洲国家和地区11个、拉美国家6个、中欧和东欧国家7个。

在数据来源上，FDI流量、FDI存量、R&D支出总额、每千人拥有的电话主线和移动电话指标来自《World Investment Report (2003)》（UNCTAD, 2003），其他指标来自瑞士国际管理发展学院的《IMD世界竞争力年鉴（2002）》[①]。

（4）数据处理方法

为了消除各个指标在量纲上的差异，在数据处理上，本书采用标准离差方法，以衡量国家或地区之间的相对差别。具体计算方法如下：

①计算48个国家或地区每个指标的平均值 $\bar{x}$ ；

②计算标准差，公式为：

$$S = \sqrt{\frac{\sum (x - \bar{x})^2}{N}}$$

式中，S 表示标准差，x 表示每个国家或地区的原始值，N 是国家和地区数。

③计算每个国家或地区的每个指标的标准化值（STD）。第 i 个指标的 STD 值可用如下的公式计算：

$$STD_i = \frac{x - \bar{x}}{S}$$

表 3-3　跨国公司海外研发投资的区位条件评价指标体系

一级指标	二级指标	三级指标
1　知识利用	1.1　市场规模	1.1.1　GDP（10 亿美元，2001 年） 1.1.2　人均 GDP（美元，2002 年）
	1.2　FDI	1.2.1　吸收 FDI 存量（10 亿美元，2000 年） 1.2.2　吸收 FDI 流量（10 亿美元，2000 年）
	1.3　出口	1.3.1　商品出口额（10 亿美元，2001 年） 1.3.2　高技术产品出口占制造业出口比例（%，2000 年）
2　知识生产	2.1　R&D 资源	2.1.1　R&D 总额（百万美元，2000 年） 2.1.2　R&D/GDP（%，2000 年） 2.1.3　人均 R&D 支出（美元，2002 年） 2.1.4　企业 R&D 支出（百万美元，2000 年） 2.1.5　全国所有 R&D 人员（千人全日约当单位，2001 年） 2.1.6　每千人中 R&D 人员数（每千国民中 R&D 人员数，全日约当单位，2000 年） 2.1.7　高等教育成绩（25～34 岁人口中大学以上学历人口所占比例，%，1999 年） 2.1.8　工程师报酬（美元，2001 年） 2.1.9　批准授予国民专利数（件，1999 年） 2.1.10　每 10 万国民持有的有效专利数（件，1999 年） 2.1.11　国民在国外获取专利件数（件，1999 年） 2.1.12　发表的科学论文数（按作者的出生地，篇，1997 年）

续　表

一级指标	二级指标	三级指标
	2.2　基础设施	2.2.1　每千人拥有的电话主线和移动电话（1999年） 2.2.2　每千人互联网用户数（2001年） 2.2.3　每千人计算机数（2001年）
	2.3　政策环境	2.3.1　专利权和版权保护（专利和知识产权是否得到充分保护，2002年） 2.3.2　资助技术发展（政府对技术发展的资助是否充分，2002年） 2.3.3　风险资本（企业发展获得风险资本的难易程度，2002年）

（5）技术流程

①计算每个国家或地区每个三级指标的标准化值。

②计算每个一级指标的综合值。方法是对该一级指标所属的所有三级指标的标准化值加和后计算其平均值，即为该一级指标的综合值。需要注意的是，工程师报酬指标的标准化值前应加负号，因为与其他指标相反，该指标值越高则吸引力越低。在下面的计算中也作同样处理。

③一级指标综合值排序和分级。按照从大到小的顺序对一级指标综合值进行排序，并进行级别划分。

④计算各个二级指标的综合值。方法是对该二级指标所属的所有三级指标的标准化值加和后计算其平均值，即为该二级指标的综合值。

⑤发展中国家与发达国家各二级指标综合值比较。计算发展中国家与发达国家各二级指标综合值的平均值，以二级指标综合值最高的国家为100，分别计算发展中国家与发达国家综合值的平均值的相对得分，考察二者的差距所在。

具体流程如图 3 - 8 所示：

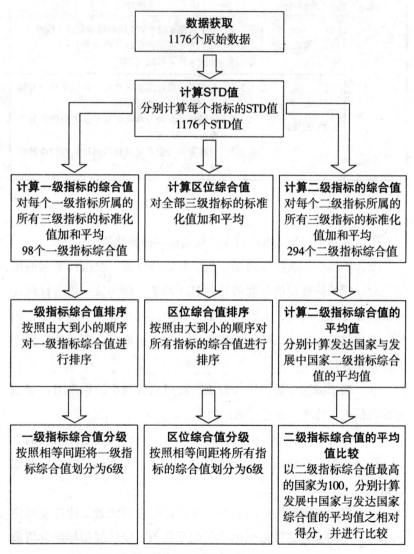

图 3 - 8　世界主要国家研发投资区位条件评价流程图

（6）评价结果

①区位综合值（表3-4）

表3-4 区位综合值评价结果

类 别	排 序	国家（地区）	区位综合值
最优区位（≥1）	1	美国	2.80244
	2	日本	1.57146
优秀区位(0.5~1)	3	德国	0.93927
	4	瑞典	0.88568
	5	芬兰	0.82247
	6	英国	0.74250
	7	加拿大	0.68780
	8	法国	0.62401
	9	荷兰	0.57154
适宜区位(0~0.5)	10	瑞士	0.48639
	11	爱尔兰	0.44685
	12	卢森堡	0.43608
	13	中国台湾*	0.41017
	14	比利时	0.37432
	15	中国香港*	0.35756
	16	丹麦	0.34929
	17	澳大利亚	0.30657
	18	新加坡*	0.28138
	19	新西兰	0.27580
	20	挪威	0.23285
	21	韩国*	0.19710
	22	意大利	0.12420
	23	中国*	0.12304
	24	奥地利	0.10153

类　别	排　序	国家（地区）	区位综合值
	25	马来西亚*	0.06647
	26	俄罗斯*	0.06619
	27	西班牙	0.06055
	28	以色列	0.00442
一般区位 （-0.5~0）	29	斯洛伐克*	-0.01390
	30	捷克*	-0.05576
	31	智利*	-0.10838
	32	菲律宾*	-0.19401
	33	希腊	-0.20554
	34	巴西*	-0.22131
	35	泰国*	-0.25141
	36	葡萄牙	-0.26664
	37	匈牙利*	-0.33766
	38	委内瑞拉*	-0.35024
	39	斯洛文尼亚*	-0.37394
	40	爱沙尼亚*	-0.39494
	41	南非	-0.48381
较差区位 （<-0.5）	42	波兰*	-0.63639
	43	印度*	-0.66765
	44	哥伦比亚*	-0.67997
	45	墨西哥*	-0.73727
	46	阿根廷*	-0.78864
	47	土耳其*	-0.79991
	48	印度尼西亚*	-0.88798

注：带＊者为发展中国家或地区，下表同。

②一级指标综合值（表3-5）

表3-5　一级指标综合值评价结果

类别	排序	国家（地区）	知识利用综合值	类别	排序	国家（地区）	知识生产综合值
最优区位（≥1）	1	美国	3.94468	最优区位（≥1）	1	美国	2.42170
	2	德国	1.57206		2	日本	1.76737
	3	英国	1.19880		3	瑞典	1.11045
优秀区位（0.5~1）	4	日本	0.98374		4	芬兰	1.10796
	5	法国	0.66771		5	加拿大	0.75772
	6	荷兰	0.64860		6	德国	0.72834
适宜区位（0~0.5）	7	新加坡*	0.48634		7	中国台湾*	0.68505
	8	中国香港*	0.47562		8	卢森堡	0.63771
	9	加拿大	0.47804	优秀区位（0.5~1）	9	法国	0.60944
	10	比利时	0.45333		10	瑞士	0.59145
	11	爱尔兰	0.39406		11	英国	0.59040
	12	中国*	0.26634		12	荷兰	0.54585
	13	瑞典	0.21134		13	新西兰	0.51920
	14	瑞士	0.17120		14	爱尔兰	0.46444
	15	丹麦	0.11142		15	澳大利亚	0.43356
	16	意大利	0.10492		16	丹麦	0.42858
	17	奥地利	0.02804		17	比利时	0.34799
	18	韩国*	0.02443		18	挪威	0.30339
	19	挪威	0.02123		19	中国香港*	0.26103
一般区位（-0.5~0）	20	马来西亚*	-0.00046	适宜区位（0~0.5）	20	韩国*	0.25466
	21	芬兰	-0.03398		21	俄罗斯*	0.23188
	22	澳大利亚	-0.07437		22	新加坡*	0.21306
	23	西班牙	-0.07966		23	斯洛伐克*	0.17889
	24	卢森堡	-0.16879		24	意大利	0.13062
	25	以色列	-0.18040		25	奥地利	0.12602

类别	排序	国家（地区）	知识利用综合值	类别	排序	国家（地区）	知识生产综合值
	26	巴西*	-0.18617		26	捷克*	0.10960
	27	墨西哥*	-0.24433		27	西班牙	0.10728
	28	泰国*	-0.27378		28	马来西亚*	0.08877
	29	匈牙利*	-0.35711		29	中国*	0.07527
	30	菲律宾*	-0.41341		30	以色列	0.06602
	31	中国台湾*	-0.41446		31	智利*	0.04073
	32	阿根廷*	-0.42967		32	希腊	-0.10873
	33	俄罗斯*	-0.43087		33	菲律宾*	-0.12087
	34	新西兰	-0.45442		34	葡萄牙	-0.18846
	35	南非	-0.48835		35	巴西*	-0.23303
	36	印度尼西亚*	-0.48844	一般区位（-0.5~0）	36	泰国*	-0.24396
	37	希腊	-0.49594		37	委内瑞拉*	-0.24977
	38	葡萄牙	-0.50118		38	斯洛文尼亚*	-0.26306
	39	捷克*	-0.55184		39	爱沙尼亚*	-0.27987
	40	智利*	-0.55571		40	匈牙利*	-0.33118
	41	波兰*	-0.58073		41	南非	-0.48230
	42	斯洛伐克*	-0.59226		42	波兰*	-0.65495
	43	哥伦比亚*	-0.61632		43	印度*	-0.67976
较差区位（<-0.5）	44	印度*	-0.63133		44	哥伦比亚*	-0.70118
	45	土耳其*	-0.64943	较差区位（<-0.5）	45	土耳其*	-0.85007
	46	委内瑞拉*	-0.65168		46	墨西哥*	-0.90159
	47	斯洛文尼亚*	-0.70659		47	阿根廷*	-0.90829
	48	爱沙尼亚*	-0.74016		48	印度尼西亚*	-1.02115

③发展中国家与发达国家二级指标综合值的平均值之比较（图3-9）

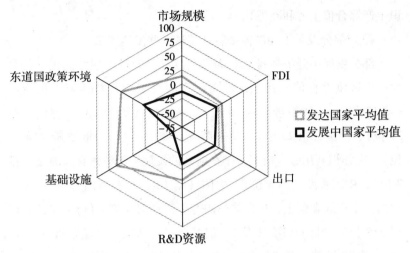

图3-9　发展中国家与发达国家二级指标综合值平均水平比较图

3. 结果分析

（1）发达国家总体区位条件明显优于发展中国家

无论是从区位综合值，还是从知识利用综合值或知识生产综合值来看，发达国家总体上得分都要高于发展中国家，并且，发达国家得分普遍在平均水平（0分）以上，而发展中国家则大部分得分在平均水平以下。这说明，就跨国公司海外研发区位而言，发达国家的整体条件仍大大优于发展中国家。

（2）得分的峰值区集中于北美、西欧和日本；亚峰值区出现在亚洲

从空间分布上看，发达国家集中的北美、西欧和日本是三个峰值区；此外，在发展中世界里，亚洲是一个亚峰值区。在区位综合值、知识利用综合值和知识生产综合值三个指标上，属于适宜区位以上的亚洲国家占该级别发展中国家的比例分别为86%、100%和

60%。欧洲的发展中国家在知识生产综合值指标上也有三个国家得分较高。拉丁美洲几乎所有国家都属于一般区位和较差区位（在知识生产综合值上智利除外）。

（3）部分发展中经济体排名已超过一些发达国家

部分发展中经济体排名较为靠前，已经超过一些发达国家的名次。在区位综合值指标上，排在前列的发展中经济体有中国台湾（第13位）、中国香港（第15位）、新加坡（第18位）、韩国（第21位）、中国（第23位）、马来西亚（第25位）和俄罗斯（第26位）；在知识利用综合值上，排在前列的发展中经济体有新加坡（第7位）、中国香港（第8位）、中国（第12位）和韩国（第18位）；在知识生产综合值上，排在前列的有中国台湾（第7位）、中国香港（第19位）、韩国（第21位）、俄罗斯（第22位）、新加坡（第23位）、斯洛伐克（第24位）、捷克（第26位）、马来西亚（第28位）、中国（第29位）和智利（第31位）。

（4）发展中国家在基础设施和东道国政策方面最为薄弱

从发达国家和发展中国家的各个二级指标综合值的平均值的比较来看，发展中国家与发达国家仍然存在相当大的差距。在吸引跨国公司海外研发投资方面，美国具有绝对优势。以美国的各三级指标的得分为100，则发达国家在市场规模、FDI、出口、R&D资源、基础设施和东道国政策环境六个指标的平均得分分别为13.65、5.74、8.72、17.88、58.80、48.74；发展中国家的得分分别为 -13.10、-5.51、-8.38、-10.45、-56.45、2.34。与发达国家平均水平相比，发展中国家在基础设施和东道国政策环境两个方面差距最大，在出口和FDI两个指标上差距最小。根据以上分析，可以认为，美国是跨国公司海外研发投资的最佳区位；发达国家与美国的差距主要体现在FDI和出口这两个方面，在基础设施和东道国政策环境方面差距最小；在吸引跨国公司以知识利用为主的研发投资方面，发展中国家已经在一定程度上具备了与发达国家竞争的能力，而基础设施和政策环境则是最大的瓶颈。

4. 区位类型划分

根据上文对发展中国家研发投资区位条件的评价结果，以知识利用指标为 X 轴，以知识生产指标为 Y 轴，将各个国家或地区的得分情况表示在坐标系中（图 3 - 10）。根据它们在不同象限的分布状况，可以将其划分为四种类型：

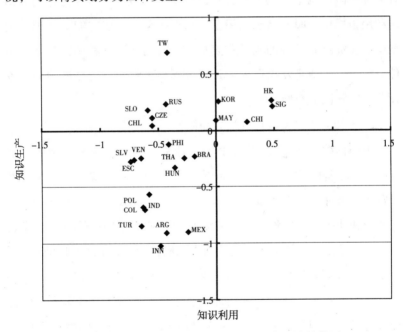

图 3 - 10　发展中国家（地区）研发投资区位的类型

注：图中字母代表的国家和地区分别是：SIG - 新加坡；HK - 中国香港；CHI - 中国；KOA - 韩国；MAY - 马来西亚；BRA - 巴西；MEX - 墨西哥；THA - 泰国；HUN - 匈牙利；PHI - 菲律宾；TW - 中国台湾；AGR - 阿根廷；RUS - 俄罗斯；INN - 印度尼西亚；CZE - 捷克；CHL - 智利；POL - 波兰；SLO - 斯洛伐克；COL - 哥伦比亚；IND - 印度；TUR - 土耳其；VEN - 委内瑞拉；SLV - 斯洛文尼亚；ESC - 爱沙尼亚。

（1）综合型区位（第一象限）

属于这一类型的有新加坡、中国香港、中国（内地）和韩国。这些国家和地区在知识利用和知识生产两个指标上的得分都大于0，对跨国公司开展两种类型投资所需区位条件都能够满足。因此，在发展中经济体中，这4个国家和地区对跨国公司研发投资的吸引力最大。

把这4个国家和地区进一步细分，则跨国公司在新加坡、中国香港和中国（内地）的研发投资以知识利用型为主，因为它们的知识利用指标得分明显高于知识生产指标得分，说明它们对知识利用型研发投资所需条件的满足程度更高。韩国则刚好相反，其区位条件对知识生产型研发投资的满足程度更高，跨国公司在该国的研发投资将以知识生产型为主。

（2）知识生产型区位（第二象限）

中国台湾、俄罗斯、斯洛伐克、捷克、马来西亚和智利属于这一类型。这些国家和地区的共同特点是对跨国公司知识生产型研发投资要求条件的满足程度高于知识利用型研发投资。跨国公司在这些国家和地区研发投资的目的主要是为了利用它们所特有的研发资源，而不是出于支持它们在这些国家和地区的地方生产的目的。

（3）知识利用型区位（第三象限中大于 - 0.5 的区域）

巴西、泰国、菲律宾和匈牙利属于这一类型。这些国家虽然得分都是负数，但分值在 - 0.5 ~ 0 之间。从跨国公司研发投资的角度看，这些国家能够在一定程度上满足跨国公司开展研发活动的区位要求，在众多的发展中国家中也具有一定的竞争力。出于支持地方生产的需要，跨国公司有可能在这些国家进行知识利用型研发投资。

（4）较差区位（第三象限中小于 -0.5 的区域）

除上述三种类型国家之外的国家，在两个指标上的得分都处于最低水平，对跨国公司研发活动所需条件的满足程度相对较低，因而，对跨国公司研发投资的吸引力不大。

值得注意的是，印度是一个较为例外的国家。本章的评价结果表明，印度在区位综合值、知识利用综合值和知识生产综合值三个指标上都属于较差区位，但实际情况表明，印度正在吸引越来越多的跨国公司研发机构，而且这些研发机构的级别也比较高。对这个现象，可以从全球化与地方化的关系来加以解释。在经济全球化的今天，地方在世界经济中的重要性越来越凸现，跨国公司在 FDI 区位选择上考虑更多的是地方因素，国家的总体因素反而退居次位。印度尽管在国家的总体水平上在世界上的排序落后，但印度国内已经形成了以班加罗尔为主的具有国际意义的技术创新中心，而接近创新中心也是跨国公司进行海外研发区位选择时着重考虑的要素之一。这一解释可以得到联合国开发计划署《2001 年人类发展报告：让新技术为人类发展服务》中技术成就指数评价结果的支持，印度排名第 63 位，但班加罗尔在《有线》杂志 2000 年的全球技术创新中心的评选中得分居第 13 位，已经成为跨国公司设立海外研发机构的重要备选区位。此外，联合国贸会议在 2004 年至 2005 年期间对世界研发活动开支最大的公司所作的调查显示，半数以上被调查的跨国公司已经在中国、印度或新加坡开展研发活动，其中高达 69% 的公司预计国外研发的份额将会增长，未来研发拓展的目的地中，中国大陆、印度、新加坡和中国台湾排在发展中国家（地区）的前四位（UNCTAD，2005）。

按照第一章的理论分析结论，跨国公司研发机构的性质决定其与地方研发机构的相互作用，因此，在下面三章中，本书将分别选择知识生产型区位和知识利用型区位的典型——中国台湾和新加坡，以及特殊区位——印度作为三个案例，对跨国公司研发机构在这三个国家和地区的研发活动情况、与本土的互动情况以及东道国或地区当局促进跨国公司研发机构技术扩散的政策经验进行研究。

第 四 章

吸引研发投资　强化集群建设

——中国台湾促使跨国公司研发机构与本土互动及技术扩散的做法

一、跨国公司在台湾研发机构的现状与特点

20 世纪 90 年代以来，跨国公司在台湾的研发活动不断加强，一方面表现为跨国公司在台湾的子公司之研发密度不断提高，另一方面表现为跨国公司在台湾通过直接投资设立的独立研发机构增加。为了促成台湾与全球创新研发资源接轨，提升台湾在跨国公司全球化策略布局的地位，2002 年 5 月，台湾通过并开始实施《鼓励国外企业在台设立研发中心计划》，极力促成从事产业科技发展的有关设计、研究、开发、试验或研发服务的跨国公司在台湾设立独立且长期经营的研发组织。这一政策的出台进一步加快了跨国公司在台湾设立研发机构的步伐。总的看来，跨国公司在台湾设立的研发机构主要具有以下特点：

1. 研发机构发展迅速

随着跨国公司在台湾的子公司研发密度的提高，公司内部的研发部门和独立的研发机构也越来越多。有关学者于 1999 年对 117 家

在台湾的制造业外商投资企业进行了调查，发现其中60家在台湾设有研发单位，占51.28%（Fang et. al.，2001）。这些研发单位中包括公司内部的研发部门，也包括独立的研发机构。进入21世纪，跨国公司在台设立独立研发机构的活动呈加速上升趋势。2002年9月，惠普宣布未来3年内在台投资9.3亿元（新台币，下同）成立全球产品发展中心，这是第一家宣布在台湾设立研发中心的跨国公司。截至2011年，跨国公司在台湾设立的研发中心数已经超过48家①。

2. 母国来源以美国、日本、欧洲以及东南亚国家为主，在行业上主要集中于IT产业

在台湾设立研发机构的跨国公司以美国、日本和欧洲为主，也有部分东南亚跨国公司。在产业分布上，主要集中在IT产业，包括电子与信息、软件、通讯等（参见表4－1）。

表4－1　跨国公司在台湾设立的部分研发中心简况

跨国公司名称（国别）	所属行业	研发机构名称（设立时间）	研发领域
国际商用机器（IBM）（美国）	生物技术	台湾IBM生物资讯研发中心（2002.9）	运用IBM所研发的解决方案及创新科技打造生物科技信息平台
	软件	移动电子商务研发中心（2003）	引进全球最新普及运算研发技术，提供整合型移动电子商务解决方案
	软件	X系列服务器研发中心（2004）	研发xSeries（IBM的x86服务器系列）
	软件	Power Systems商用服务器研发中心（2011）	参与最源头的收集全球市场需求、拟定技术规格、产品开发测试等策略研发

① 阎光涛：《研发中心计划成果丰，30跨国企业7年投资370亿》，见http://www.cdnews.com.tw，2009年2月5日；以及《后ECFA 9外商申请在台湾设研发中心》，台海网，2010年11月3日。

跨国公司 名称（国别）	所属行业	研发机构名称 （设立时间）	研发领域
惠普（HP） （美国）	软件	惠普产品发展中心 （2002.9）	主要任务是产品开发，主轴为笔记本电脑、台式电脑、服务器、便携式电子产品（如 PDA）
	硬件	惠普南港研发中心 （2010）	笔记本电脑（NB）、桌上型计算机（DT）研发
微软 Microsoft （美国）	软件	微软技术中心 （2003.6）	提供企业客户需要的所有服务，包括技术专家、业界领导厂商和优异的环境。以便模拟、建构、测试并验证以微软 NET 平台为基础的完整解决方案
	软件	微软创新中心 （2008）	以软体工程与新世代网络创新应用为两大重要研发领域，协助软硬体厂商提升产品安全性，强化开发新产品品质
	硬件	硬件创新中心 （2008）	投入数位家庭、媒体中心家庭剧院电脑、多媒体及智慧装置等新技术及产品开发
英特尔 Intel （美国）	通讯	英特尔创新研发中心（2002）	通讯及网络产品研发及技术研究，聚焦于前瞻的通讯科技研发领域，含基础研究与发展
戴尔 Dell（美国）	电子及信息	戴尔研发中心 （2002）	研发新一代电脑产品。研发项目包括笔记本电脑、便携式电子产品及服务器的产品开发
杜邦 DuPont （美国）	光电	台湾杜邦材料技术应用发展中心 （2004.3）	初期发展重点为绿色能源、电路材料及平面显示器等电子和通讯相关产业。未来将培养产业科技人才，协助提升台湾产业科技发展研究，缩短产品研发时间
博通 Broadcom（美国）	电子及信息	网络系统单晶片研发中心（2003.11）	承接美国总部尖端技术，结合台湾的设备、人力及技术，共同发展系统阶层设计方法与 Network SoC 应用平台

跨国公司名称（国别）	所属行业	研发机构名称（设立时间）	研发领域
摩托罗拉 Motorola（美国）	电子及信息	摩托罗拉台湾产品发展中心（2004.1）	以开发最新移动电话产品为主线，进行手机、通讯软件、集成电路等产品相关设计制造与开发
AKT（美国）	光电	亚太研发中心（2004.3）	开发最先进的七代厂面板设备，同时落实设备零组件本土化政策，帮助台湾发展面板设备产业，以形成完整产业供应链
派力康 Pericom（美国）	电子及信息	先进类比数位混和 IC 开发中心（2003）	三大研发方向分别为先进 Timing 管理、High Performance Connectivity 和 Digital Media
索尼 Sony（日本）	多样化	信息产品创新研发总部（2002）	研发信息应用（IA）以及信息科技（IT）相关产品
	多样化	创新 LSI 和 Module 设计研发中心（2002.1）	研发大型集成电路（LSI）和模组（Module）
爱立信 Ericsson（瑞典）	通讯	爱立信移动应用创新中心（2003.10）	集中研发 3G 技术，包括 3G 多媒体信息服务（MMS）、移动游戏等领域的软硬件技术和应用
阿尔卡特 Alcatel（法国）	通讯	阿尔卡特台湾研发中心（2004.3）	三大方向：手机应用服务验证环境、智能型服务平台与无线通讯中介软件
阿托科技 Atotech（法国）	多样化	台湾技术研发中心（2002.11）	针对本地客户产品的独特需要，开发新的技术和制程
爱思强 Aixtron（德国）	多样化	光电半导体研发中心（2002.11）	以制程为导向的各项光电技术投入研发
贝克 Becker Avionics（德国）	机械与航空太空	航电认证技术建构与核心模组研发中心（2003.3）	开发下一代航电系统（Glass Cockpit）的技术，并将技术民生化，切入车辆电子（ITS）及船舶电子领域，提升航电技术的附加值

续 表

跨国公司 名称（国别）	所属行业	研发机构名称 （设立时间）	研发领域
日立（日本）	家电	国际研发中心 （2008）	研发空调压缩机的核心技术
TDK（日本）	多样化	台湾研发中心 （2011）	从事发光二极管（LED）相关设备材料研发；高节能马达以及智慧生活相关产品研发

资料来源：2002年9月至2004年3月的数据来自于谢慧君：《研发中心区位选择影响因素之研究——以跨国企业在台研发中心为例》，台湾"中央大学"产业经济研究所硕士论文，2004年6月。其他资料来源于作者的综合整理。

3. 主要从事全球或区域产品开发活动，以接受母公司技术转移、为地方市场进行研发活动为主的较少

根据 Liu 等（2002）对跨国公司在台湾研发活动的调查，跨国公司在台湾的研发活动最主要的是针对国际市场的产品进行改造和开发，其次是对母公司产品进行修改和接受母公司技术转移。仅有一小部分研发机构的活动是与其他兄弟机构合作进行研发，以及为母公司进行合同研发和技术出口（图4－1）。可见，跨国公司在台湾的研发机构的主要责任是面向全球或区域市场的产品开发和支持地方生产。例如，惠普产品发展中心（PDC，Product Design Center）是该公司在亚洲唯一的全球产品发展中心，目的是使用台湾 IT 人才，提高产品的研发效率。惠普绝大多数产品都已采用 ODM 模式[①]，让台湾 PC 制造商从产品开发到生产制造一手包办。长期以来，其美

---

① ODM 是 Original Design Manufacture 的缩写，即初始设计制造，指制造商依照企业客户需要，为客户设计并制造产品，由企业客户收购后作为自己的产品销售。相关概念还有 OEM，是 Original Equipment Manufacture 的缩写，即初始设备制造，也称专业代工，指由企业客户提供技术和设计，制造商按照企业客户需要生产产品。

国总部在产品开发过程中都会从旁"督导"。在台湾产品研发中心设立后，其总部的督导工作逐渐由该中心取代。另一电脑巨头戴尔公司 2002 年年初在台设立的研发中心，主要目的也是就近指导台湾代工厂商进行产品开发，将逐步取代美国总部部分研发团队的角色。

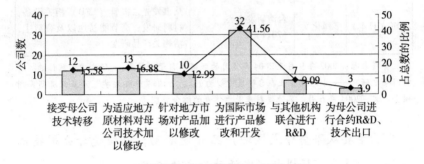

图 4 - 1　跨国公司在台湾的研发活动的最高水平

资料来源：Liu，Chen and Lin（2002）。

4. 在跨国公司全球研发网络中的地位不断提高，规模不断扩大

近几年来，越来越多的跨国公司在台湾设立较大规模、在其全球研发网络中具有较高地位的研发机构，或者将原有的研发机构进行升级。例如，惠普公司位于台湾的产品开发中心（PDC）是其全球四个区域性 PDC 之一，另外三个中，有两个在美国休斯敦，一个在德国慕尼黑，但只有台北和美国其中的一个 PDC 担负全球产品开发使命，另外两个只负责测试。戴尔电脑 2002 年决定将研发重心迁往台湾，将台湾研发中心的人力从 2002 年 3 月的 13 人扩充到 2003年的上百人。从 2003 年到 2008 年，微软在台湾先后设立了 3 个研发中心，分别是 2003 年设立的微软技术中心（MTC）、2008 年设立的微软创新中心（MIC）和硬体创新中心（HIC），其设立目的从"引

进最新软体开发技术"到"以软体工程与新世代网络创新应用为两大重要研发领域，协助软硬体厂商提升产品安全性，强化开发新产品品质"，再到"投入数位家庭、媒体中心家庭剧院电脑、多媒体及智慧装置等新技术及产品开发"①，显示了明显的升级过程。

二、跨国公司在台设立研发机构的动因

电子业是台湾最重要的产业部门和最大的产品出口部门，也是跨国公司设立研发机构最多的产业部门。因此，这里着重分析电子业跨国公司在台湾的研发活动。

有关学者对电子业跨国公司在台湾设立研发机构的动因的调查分析显示，这些公司在台湾进行研发活动的主要动因包括：获取地方生产和管理经验、接近广泛的附属和支撑产业系统、利用高素质而成本相对较低的研发人才、利用产业－大学－公共科研机构的研发联系和当局对研发的财政支持（图 4－2）（Chen and Liu，2002）。下面，分别就上述五个影响因素做进一步剖析。

1. 获取地方生产和管理经验

接近重要的生产基地，是跨国公司在台湾设立研发机构的重要影响因素之一。目前，台湾已经成为全球第三大 IC 生产基地，在个人计算机和相关的中下游产品的生产上居世界前列。早在 2001 年，台湾就有十多项科技产品在世界市场上名列前茅，包括笔记本电脑（全球占有率为 49%）、显示器（58%）、主机板（64%）、电源供应器（70%）、机壳（75%）、扫描仪（91%）、键盘（68%）、鼠标（58%）、集线器（66%）、数据机（57%）等。台湾半导体工业在

---

① 网易科技：《微软在台湾成立硬件创新中心》，2008 年 7 月 29 日，http：//tech. 163. com/08/0729/14/4I1D9DVE000915BD. html。

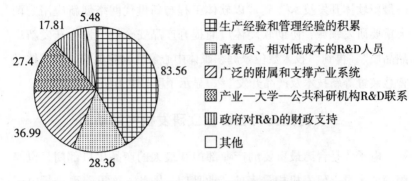

图4-2 跨国公司在台湾设立研发机构的动因（%）

资料来源：根据 Chen and Liu（2002）有关数据绘制。

世界排第四位，已成为世界集成电路（IC）产业价值链中最重要的生产基地。

台湾公司主要以 ODM 和 OEM 的形式为跨国公司提供生产服务，并在大批量生产的过程中积累了丰富的生产经验和管理经验，能够快速生产大量高质量的高技术产品，在某些产品的新产品开发上也具有了一定的能力。跨国公司在台湾设立研发机构，可以贴近台湾生产厂商，利用台湾公司的生产管理能力和新产品开发能力，加快新产品开发，缩短将新产品推向市场的时间，从而进一步提高竞争力。

2. 利用广泛的附属和支撑产业系统

在台湾，不仅已经形成了成熟的电子产业集群，而且其生产网络还扩展到了东南亚和中国大陆，这对吸引跨国公司在台湾设立研发机构具有相当大的吸引力。

台湾的电子业在行业内建立了广泛的垂直联系网络，从上游的电子元件和部件（逻辑集成电路、存储集成电路、芯片组、小液晶显示器、阴极射线管和主板），中游的外围设备（键盘、监视器、图像扫描器、个人电脑鼠标和电源装置），到台式和便携式个人电脑的最后组装。紧密一体化的当地生产网络，再加上关键性的岛内设计能力（主要是通过电子研究服务组织和信息产业研究所等当局支持的机构发展起来的，但私人公司内部也具有这样的能力），形成了台湾初始设备制造和初始设计的声誉，使它成为世界上个人电脑产品的主要生产中心之一。目前，除了总体半导体产业整体上排世界第四位外，台湾的集成电路设计产业世界第二，专业代工制造晶圆产业世界第一，封装测试产业世界第一（刘霜桂，2002）。高水平、配套完善的电子产业集群为吸引跨国公司直接投资和设立研发机构提供了优越的条件。例如，戴尔、惠普陆续来台设立研发中心的举措，就是它们对台湾省 IT 业研发实力的肯定，承认对台湾代工厂商研发资源的倚重，既然有越来越多的产品需要委托台湾厂商代工，因而跨国公司索性将总部研发功能转移到台湾，以便就近沟通、协调，提高研发效率①。再例如，2008 年，微软在台湾建立第三个研发中心——硬件创新中心，该中心的目标是"把微软的领先软件技术与台湾利润丰厚的全球硬件制造能力进行整合"。②

　　台湾企业的生产网络越来越区域化。如表 4 - 2 所示，相当大一部分同个人电脑相关的生产线是由台湾的跨国公司进行的，这些公司的活动范围已大大超出了台湾地区。在台湾地区以外由亚洲华人华侨网络进行的生产在台湾控制的总生产中所占的份额越来越大，到 1995 年已接近 1/4。台湾企业的投资对象既包括中国大陆，又包括东南亚。如表 4 - 3 所示，与西方国家跨国公司相比，

---

① 赛迪：《互相较劲　戴尔惠普 PC 研发重镇移至台湾》，《经济日报》（台湾地区），2002 年 9 月 24 日。

② 红树：《微软在台湾建立第三个研发中心》，eNet 硅谷动力，2008 年 7 月 30 日，http：//www. enet. com. cn/enews/。

台湾公司具有明显的优势。海峡两岸相同的语言文化和血缘纽带使台湾与大陆之间形成了独特的经济关系。1990年代以来，台湾在大陆的投资增长迅速，在大陆电子业发展中占据着重要地位。台湾的生产网络将中国作为生产基地和销售市场，可以大大降低生产成本、扩大市场规模。台湾公司的这种生产网络，实际上在发达国家、台湾和大陆之间形成了电子业国际生产网络中的上下游分工关系，跨国公司可以通过在台湾设立研发机构来利用台湾在亚洲，尤其是在大陆的生产网络，间接地实现降低生产成本和进入大陆市场的目的。

表4-2 1992年~1995年台湾电子产业在台湾岛内和沿海的产值（百万美元）

生产	1992	1993	1994	1995
岛内	8391	9693	11579	13139
沿海	973	1691	3003	4279
沿海/岛内（%）	11.6	17.5	25.9	32.6

资料来源：博拉斯：《听任自生自灭：亚洲生产网络和美国电子业的复兴》，载[美] 巴里·诺顿主编，贾宗谊、贾志天译：《经济圈——中国大陆、香港、台湾的经济和科技》，北京：新华出版社，1999年，p.166，表5-3。

表4-3 以 Dunning 的折衷理论框架分析跨国公司、
中国台湾和祖国大陆的研发优势

	所有权优势	内部化优势	区位优势
跨国公司	1. 核心技术 2. 国际品牌	1. 系统整合能力 2. 产品规划能力 3. 市场接取能力 4. 资讯通讯网络	
中国台湾	部分领域次系统商品化能力	1. 与国际大厂网络关系 2. 语言、文化优势	1. 第一级供应商 2. 部分领域次系统研发生产能力

续　表

	所有权优势	内部化优势	区位优势
中国大陆			1. 生产相关研发、工程支援 2. 低价量多的科技人力 3. 有基础研究传统的科研体系 4. 市场潜力

资料来源：陈信宏等：《中国大陆科研环境变迁对台湾研发创新之影响》，2002年亚太地区产业科技创新竞争与区位优势分析国际研讨会。

3. 利用本土优质而相对廉价的研发人才

高素质低成本的研发人员始终是跨国公司海外研发活动的主要影响因素之一。1990年代以来，台湾研发人员数量快速增加，高素质技术工人和研发人员的比例不仅高于绝大多数发展中国家，甚至还高于部分发达国家。从产业研发人员的分布来看，高技术产业集中了台湾70%的研发人员。除了人员数量众多之外，台湾的研发人才还具有国际化程度高的特点。1970年代和1980年代，台湾高等院校毕业生的增长速度超过了就业岗位的增长速度，每年自费出国者达数千人。这些留学者获得高等学位后多羁留海外不归，在国外的大学、科研机构或企业单位工作。台湾因此被认为人才严重外流。但是，这些"外流"人才在1980年代台湾调整产业结构时发挥了巨大作用。从1989年到1994年，新竹科学工业园区中有超过半数的高科技公司是由海外人才回台创建的，到1998年底，共有2859位海外人员回流到新竹科学工业园区，其中半数来自硅谷。由硅谷回流的人才不仅向台湾IC产业传播了新技术和新经营方式，他们中的许多人还回台湾开创并经营半导体和个人电脑公司，其中还有一些成为跨国公司在台湾的研发组织的主要负责人。这些高素质国际化人才的存在，能够使跨国公司在台湾的研发机构在运作方式等方面更好地与国际接轨，同时，还可以降低这些机构与公司总部的沟通成本。此外，台湾技术人员的整体工资水平也低于大部分发达国家。以工程师的报酬为例，台湾工程师报酬不仅远远低于美国、日本等发达国家，而且比阿根廷、墨西哥、香港等部分发展中国家和地区低得多。优质低价的技术人员使台湾对跨国公司研发活动更具吸引力。

4. 获取本土科技成果

在跨国公司海外研发投资的影响因素中，东道国的研发资源的受重视程度越来越高。经过 20 世纪 80 年代初以来 30 余年的发展，台湾的整体科技实力和研发水平显著提高（参见表 4 - 4）。

表 4 - 4　创新与成熟度因素相关科技指标排名表现（2011～2012）

	美国	日本	中国台湾	德国	新加坡	韩国	中国大陆
创新与成熟度因素整体表现	6(4)	3(1)	10(7)	5(5)	11(10)	18(18)	31(31)
企业成熟度支柱指标	10(8)	1(1)	13(13)	4(3)	15(15)	25(24)	37(41)
集群发展	9(6)	3(2)	1(3)	13(12)	5(5)	28(25)	17(17)
创新支柱指标	5(1)	4(4)	9(7)	7(8)	8(9)	14(12)	29(26)
创新的能量	7(6)	1(2)	15(14)	3(1)	22(17)	20(18)	23(21)
科研机构的水准	7(4)	11(15)	19(17)	10(6)	12(11)	25(25)	38(39)
企业研发投资水准	6(6)	1(3)	9(9)	5(4)	10(8)	11(12)	23(22)
产学研合作	3(1)	16(19)	12(12)	13(9)	6(6)	25(23)	29(25)
国家对于高科技产品的购买	9(5)	32(41)	11(7)	29(32)	2(2)	31(39)	16(12)
科学家与工程师人才	4(4)	2(2)	5(8)	41(27)	12(10)	23(23)	33(35)
专利权	3(6)	2(2)	1(1)	9(9)	11(11)	5(5)	46(51)

注：括号内的数字代表该国或地区在上一年度（2010～2011 年）报告中此支柱指标的排名。

资料来源：World Economic Forum，The Global Competitiveness Report（2011～2012）.

台湾科技实力的增强，首先表现在研发投入的增加上。1980年代中期以来，台湾的研发投入上升很快，占GDP比重不断提高（表4-5）。

表4-5 部分年份台湾研发经费投入情况

年 份	1984	1991	1995	2000	2005	2006
研发经费（亿元新台币）	224.44	1036	1563	1975.29	—	—
占GDP比重（%）	0.99	1.76	1.92	2.05	2.52	2.58

资料来源：台湾"科学技术部"，Yearbook of Science and Technology (2007)，http://www.nsc.gov.tw.

第二，高技术产业得到了长足发展。台湾在全球高科技产业中的地位，可以用2005年《商业周刊》的一篇封面故事"台湾为什么重要"中的话来佐证："没有台湾，全球经济无法运作，台湾之于世界IT产业，有如中东原油。"台湾拥有全球最大的芯片铸造厂台积电（TSMC）、世界上最大的EMS合同制造服务商鸿海（富士康）、当前最成功的手机芯片IC设计巨头联发科（MTK）、全球第三大PC品牌商宏基电脑（Acer）、最大的笔记本代工商广达（Quanta）和第三大LCD面板制造商友达光电等具有世界级竞争力的企业。经过二十多年的发展，台湾已经在半导体、光电、PC、电子精密制造等几大领域成为世界巨人。2008年，英国《经济学家》智库（EIU）将台湾排在了全球IT产业竞争力排行榜第二位，仅次于美国，IT"劳动生产力"指标更居全球之冠。

第三，有一批实力雄厚的科研机构。台湾有不少高水平的科研机构，比如研究军事技术的"中山科学院"、进行尖端工业科技研究的"经济部""工业技术研究院"、从事农业科技研究的"农村复兴委员会"、"台湾糖业公司"等科研机构。在台湾电子产业中，最重要的科研机构是工业技术研究院电子所（ERSO）。该所曾经负责海外电子技术向台湾的转移、衍生电子企业、向电子企业提供研发人才等角色，台湾著名的电子企业联华电子（TSMC）、台湾积体电路制造公司（UMC）等都是 1980 年代电子所的衍生公司。目前该所主要从事公用技术研发，为台湾贡献了大量的先进技术和研究专利。

第四，台湾的科技成果，尤其是电子产业的科技成果明显增加。专利数和科研论文数是反映研发成果的两个重要指标。2010 年台湾在《科学引用文献索引》（SCI）收录期刊发表论文 23715 篇，占全球的 2.05%，居全球第 16 位，相比 2001 年的 11150 篇增加了 1.13 倍。近年来，台湾在美国获得的专利数不断增加（见表 4 - 6）。从专利的产业分布来看，电子集群占台湾获得的美国专利的 80% 以上，这与台湾高科技产业的结构特点是一致的：电子信息产业约占整体高科技产业生产总值的八成。

表 4 - 6　获美国专利最多的国家和地区的专利数（不包括新设计）及排名情况，1998 年、2000 年和 2011 年

国家或地区	1998		2000		2011	
	件数	排名	件数	排名	件数	排名
美国	80291	1	85072	1	108626	1
日本	30840	2	31296	2	46139	2
韩国	3259	6	3314	7	12262	3
德国	9095	3	10234	3	11920	4
中国台湾	3100	7	4667	5	8781	5
加拿大	2974	8	3419	8	5012	6
法国	3674	4	3819	4	4531	7
英国	3464	5	3667	6	4307	8

国家或 地区	1998		2000		2011	
	件数	排名	件数	排名	件数	排名
意大利	1584	9	1714	9	1885	12
瑞士	1225	12	1577	10	1663	15

资料来源：http：//www. uspto. gov/.

1980 年代以来，技术生命周期缩短，并趋向于系统化发展，要求多学科、多项互补性技术和诸多部门的合作。为了提高产业竞争力，通过学术界与产业界合作，建立一种资源互补和分享、目标、利益一致的创新团队，已经成为技术进步的普遍模式。跨国公司在台湾建立研发机构，可以加强与这些科研机构的合作，利用后者的研究设施和研究人员，并从其研究成果中获益。

5. 利用当局提供的优惠政策和相关服务

为了吸引跨国公司研发中心，台湾当局实施了"鼓励外国公司在台设立区域总部活动计划"（Action Plan for Encouraging Foreign Companies to Establish Regional Headquarters in Taiwan）和"产业创新、研发和技术中心升级计划"（the Plan for the Promotion of Industrial Innovation，R&D，and Technology Centers），为跨国公司在台湾设立区域总部和研发中心提供租税和融资优惠。实际上，不少跨国公司在解释其在台湾设立研发机构的原因时，都会提到台湾当局的优惠政策，比如，2003 年 3 月，Walsin Lihwa 宣布增加在台湾投资建立全球运营总部和研发中心的原因时，就认为受到台湾当局"鼓励外国公司在台设立区域总部活动计划"的影响。可见，对于吸引跨国公司设立研发机构方面，政府的财税优惠政策亦有相当大的作用。

除了财政支持外，台湾当局还积极为跨国公司在台湾进行研发活动提供相关服务。1996 年为配合亚太营运计划，台湾"经济部"
成立了"经济部资讯工业发展推动小组"，锁定信息、通讯和半导体
三大产业，以专案形式，推动信息产业国际合作与投资，并促成外
国企业以台湾为研发、制造及营运中心。台湾"经济部"技术处为
了做好吸引跨国公司在台设立研发机构，还专门设立补助国际人才
交通、食宿的基金，并主动出国邀请跨国公司来台设立研发中心。
所有这些都为吸引跨国公司研发投资提供了良好的软环境。

专栏4-1　中国台湾正在成为研发和制造中心

　　作为令人向往的电脑工业制造中心，中国台湾有着数不清的电
脑厂和资产达数十亿美元的半导体厂。然而，如果你想粗略了解一
下这个岛屿信息技术的未来，不妨绕过令人眼花缭乱的高科技园区，
去参观一下中国台北金融中心的一个普通办公楼。2003 年 8 月，英
特尔公司在这里设立了一个无线网络产品的研发机构。作为亚洲第
一个这样的研发机构，英特尔创新中心将雇用大约 60 名工程师，他
们将同公司当地合伙人开展合作，其成本仅为英特尔在硅谷支付的
成本的1/3。同时产品开发的速度也很快。中心主任林龙松（音译）
说："他们可在很短的时间内改变产品。在这方面中国台湾有着雄厚
的基础。"

　　目前中国台湾生产的笔记本电脑占据全世界的2/3，台式电脑的
许多部件也来自台湾省。然而，这其中绝大部分电脑和部件是台湾
省公司在中国内地、而不是在台湾省内生产的。此外，台湾省的科
技公司也面临一些压力，它们的电脑厂商客户纷纷要求降价。

　　英特尔公司并不是唯一一个认定中国台湾是进行科研的合适地
点的全球性巨人。索尼公司、戴尔公司和 IBM 公司 2002 年都在中国

台湾开设了研发中心。网络设备制造商 3Com 公司 2003 年 9 月宣布，它也计划在台湾省开设一个实验室，开发它的一些低端转换器。3Com 公司财务总监马克·斯莱文说："中国台湾进行了许多出色的开发工作。我们认为，靠近台湾省的分包商可带来更多的创新。"

一些诸如此类的设施已经初见成效。2002 前，惠普公司在中国台北开设了一个产品开发中心，那里的 70 名工程师与当地设计师们鼎力合作，这些设计师来自台湾省内制造惠普笔记本电脑大部分元件的供应商。这个开发中心是惠普公司在硅谷以外建立的第一个具有该项功能的机构。它使协作变得更加容易，因为惠普公司的员工再也不是远隔重洋了。这个研发中心由常驻中国台北的惠普副总裁汤姆·米切尔负责。他说，这种合作意味着惠普公司现在能够每年推出多达 14 个新型号的笔记本电脑，而此前每年只有 10 个型号。同时，惠普公司也能以更快的速度将这些新电脑投放于市场。米切尔说，在中国台湾进行研发可使效率提高 60%，而成本只是原来的一半。

然而，美国、英国和其他地方的劳工组织对就业机会流失到低成本国家和地区的现状给予了日益密切的关注。因此，公司老板们必须揣度节省的成本能否弥补遇到的麻烦。实际上，一些公司在宣传其在台湾省的研发工作时表现出谨慎的态度。例如，戴尔电脑公司对它在中国台湾的活动守口如瓶。中国台湾的经济主管部门称，戴尔公司在台湾省所做的工作同于其以前在美国做的工作。

另一个障碍是：台湾省所面临的研发竞争与制造竞争几乎一样激烈。英特尔公司首席执行官克雷格·巴雷特在主持中国台北研发中心开业仪式的几天前曾在韩国逗留，他宣布计划在当地再建立一个研发中心。跨国公司在中国内地也纷纷建立起研发中心，每个研发中心设立的时间相隔不到一个月。例如，9 月中旬，北电网络公司宣布它计划在北京建立一个研究中心，重点开发第三代移动设备。中国台湾的公司已经在把自己的一些芯片设计和客户支持业务转移到内地。由于那里的成本低得多，因此把更多就业机会转移到那里的压力会增加。这可能使跨国公司更容易越过这个岛屿，在中国内地进行研发工作，尤其是如果台湾省不为培训新的工人做出更多努力的话。台湾当局称，他们至少再需要 1 万名工程师。由于更多的跨国公司竞相雇用本地人才，这种即将出现的人才短缺很容易造成成本的上升。

台湾当局希望大公司的存在会促使本地公司开始着手开发自己的产品，而不仅局限于为外国公司制造元器件。这种进步已经开始显现，尽管步伐缓慢。例如，广达电脑公司在中国台北郊区的总部对面有一个巨大的工地，到明年底，那里将建成一座 200 万平方米的大楼，新聘用的 7000 名工程师将为该公司开发更为先进的笔记本电脑、服务器和液晶电视机。民用电子产品制造商明基公司和数码相机制造商华晶科技公司也在加强它们的研发资源。就相机而言，华晶科技公司总裁兼首席执行官亚历克斯·夏（音译）说，"你得开发每一个部件。"

现在，中国台湾好像正在成功攀登全球电子产品的阶梯。惠普公司中国台湾地区董事经理罗斯玛丽·何（音译）说："在中国台湾，研发可使你更接近于设计阶段。中国内地目前尚没有出现这样的创新。"因此，经过努力这个岛屿至少还能比海峡对岸的巨人再领先几年。

　　资料来源：Bruce Einhorn，Peter Burrows：《攀登科技高峰》，《商业周刊中文版》，2003 年第 11 期。

三、跨国公司在台研发机构与本土互动情况

第一章的研究显示，跨国公司离岸研发机构的职能直接影响到其与本土互动的意图、方式和频率。前已述及，跨国公司在台湾的研发机构以接受母公司技术转移、为地方市场进行研发活动为主的研发机构较少，大部分是从事全球或区域产品开发活动。跨国公司在台湾设立这类研发机构的主要目的，一是获取地方生产商和供应商知识，二是利用地方研发资源。出于这两种目的设立的跨国公司离岸研发机构都比较倾向于与本土创新主体互动。

1. 与多个主体互动

（1）跨国公司离岸研发机构与本土供应商的互动

跨国公司为了满足对产品质量的要求，会主动为供货商提供技术支持，帮助它们提高研发能力和生产水平。例如，戴尔研发中心设立的初衷就包括扩充设计交货能力，借助台湾供应商及国内外专家的专业技术交流，提升戴尔及台湾供应商的技术层次。

（2）与本土研发机构和大学的互动

跨国公司研发机构与台湾科研院所、企业研发机构和大学开展了多种形式的互动。例如，业凯亚太研发中心在成立 5 年内投入了6.7 亿元，以支援全亚洲的客户需求为规划重点，并与工研院电子所、机械所及汉翔公司研发部门等本土研发单位就先进平面显示器制程技术开展合作，提升台湾在各研发领域的制造能力和全球竞争力，促成台湾精密机械供应商技术能力的升级，形成完整的产业供应链。英特尔创新研发中心则获得了"经济部"技术处和工研院的支持，将来还将同台湾 ODM 厂商与学术单位合作。

（3）与本土生产商的互动

本土生产商也是跨国公司研发机构互动的主要对象。例如，移动电子商务研发中心打算结合台湾软硬件制造领域已有优势，持续引进全球最新普及运算研发技术，与岛内信息家电厂商和软件开发商密切合作，提供包含软件、硬件与服务的整合型移动电子商务解决方案。X 系列服务业研发中心也计划与台湾信息代工厂商密切合作，扩大台湾的相关产品产量。摩托罗拉台湾产品发展中心成立 3 年内为台湾带来了 800 亿元手机制造订单，将协助提升台湾半导体及手机伙伴厂商产品发展能力，进入全球高阶手机产品生产行列，并借助该研发中心设定下一代产品设计规格的机会，使本土相关业者掌握全球行销与制造先机，进一步增强台湾业者的全球竞争力。

2. 以多种形式互动

互动的方式包括人员交流与培训、技术引进与推广、合作研发、技术服务等多种形式，不少跨国公司研发机构都计划或许诺采用多种形式与本土互动。以下以案例的形式列出了部分跨国公司研发机构与本土互动的形式。

（1）爱思强光电半导体研发中心通过与本土学术界、研究机构及光电半导体产业界等各环节的紧密合作，进行研发人才培训及研发交流，协助本土发展半导体制程技术、光电元件与高频高功率电子元件，使台湾相关产业在世界上取得领先优势。

（2）阿托科技台湾技术研发中心积极引进国外专家和研发经验，并结合本土研发团队及产、学、官方的共同合作，开发具有台湾特征的产品化技术，进而协助产业技术升级，促进台湾经济发展，创造就业机会并培养国际性专业人才。

（3）贝克航电认证技术构建与核心模组研发中心的主要任务是：

引进认证技术，提供通路，以及引进先进航电技术，帮助本土制造业提高附加值，建构及交流航电发展技术，促使核心技术的衍生应用等。

（4）惠普产品发展中心计划将惠普新加坡、日本、中国大陆、美国硅谷库比提诺（Cupertino）等地的产品研发经营汇集到台湾，选择具有产业前瞻性和发展潜力的信息产品，引进最新产品发展软硬件技术。同时，还将产品设计发展的高级人才等资源全部转移到台湾，充分获得经验与知识的交流，并不断加强本土化进程，逐步增加本地人员比例，并使员工有机会赴美接受训练。

（5）易利信移动应用创新中心的主要任务是进行技术推广、海外专家人才引进、先进技术引进及设备设置，且研发中心所推动的研发技术将带进每年上百亿台币的商机。

（6）微软技术中心计划3年内协助七十多家台湾软件厂商，开发100种软件解决方案，培养2800名软件人才。

（7）摩托罗拉计划在3年内投入研发经费6亿元，除了整合现有在台湾的研发人员之外，还将增调国际资深技术管理人员来台。

四、台湾当局促进跨国公司研发机构与本土互动及技术扩散的政策措施

2002年5月，台湾当局出台了"国际创新研发基地计划"，提出以台湾厚实的制造业能量为基础，当局将加强产、学、研积极从事创新研发工作，引进全球研发资源，建构研发社群，培养创新科技产业，以建设台湾成为本岛企业创新研发总部，同时成为跨国企业区域研发中心，以实现有效支援企业从事全球布局活动所需的技术能力，促进产业升级的发展目标。为了建设台湾在特殊领域成为

亚洲最好的创新研发基地，当局将提供供给面、需求面、环境面的政策工具。在加强研发网络构建及促进跨国公司技术扩散方面，该计划提出的政策措施可以概括为以下几个方面：

1. 大力吸引跨国公司研发机构，并着重筛选具有较大技术扩散潜力的研发机构，为最大程度地发挥跨国公司研发机构技术扩散的能力及促使台湾创新体系接入跨国公司研发网络创造更多的机遇

台湾当局首先确定了若干重点产业，并着力推动重点产业科技研究。在吸引跨国公司研发机构的过程中，根据跨国公司设立的研发机构的产业领域、引入国外资源的情况、对本土相关创新主体发展的支持、研发层次的高低等指标，来确定对该机构的经费补助的多少。利用这些指向性指标，来促使跨国公司在台湾设立符合台湾产业发展方向的层次较高的研发机构，同时，还起到了促使跨国公司研发机构引进先进技术、增加对本土技术扩散的作用。

2. 鼓励本土企业设立研发机构，促使本土企业提高研发能力和技术水平，从而使其具备同跨国公司研发机构互动的条件，并为接收跨国公司技术扩散做好准备

为鼓励企业设立研发中心，台湾当局在税收、土地提供、投资审批等方面提供优惠或协助，并制定了相关的政策措施。在政策引导下，台湾许多大企业纷纷宣布在台成立研发中心。据统计，从2002年5月"国际创新研发基地计划"出台，至当年11月，已有47家大企业正式提出申请成立研发中心。在这些优惠政策的支持下，以资讯电子企业为代表的大企业掀起成立研发中心的热潮。鸿海集团、广达电脑公司、广辉电子公司、光宝集团等都投资设立研发中心，增加研发人员。例如，光宝集团计划在台北内湖设立技术研发

中心，结合储存技术、显示技术、网络、无线传输、半导体、软件等技术领域的研发人力，在五年内投资 300 亿元新台币，研发人员由 2002 年的 1200 人增至 2005 年的 2500 人。还有些企业计划与国外大学和跨国公司合作设立研发机构。例如，宏基集团与美国大学合作，计划成立"价值实验室"，引进国际级研究机构的顶尖研究计划，进行中长期研发；奇美集团与日商合作计划在台南设立研发中心及建立光电产业创新研发基地。

3. 加强本土科研机构的实力，在重点发展领域建立更多的科研机构，并通过改革促使科研机构进一步明确产业化指向，完善科研机构同产业结合的机制

台湾的科研机构包括三大类：政府所有的科研机构，包括"中研院"、科学工业园区（新竹、南部、中部）、精密仪器发展中心等25 家；公私立大专院校 158 家；财团法人，包括工业技术研究院（简称工研院）、金属工业研究中心、"国家实验研究院"等 28 家①。台湾当局认为，过去 20 年来台湾的产业技术研究单位扮演了"快速追随者"的任务定位，并已成为业界最重要的合作伙伴。但是，随着民间企业快速成长，很多企业研发工作的效率早已超过研究机构。产业技术研究机构在定位及组织结构与研发重点等方面，应大幅调整，成为产业创新的带动者。因此，该计划提出，要"健全财团法人研究机构前瞻创新研发机制"。具体措施包括：第一，加强创新前瞻研发。财团法人研究机构应积极建立或调整相关制度，强化台湾前瞻技术的研发能力，以协助岛内产业界摆脱技术追随者的威胁，缩短与技术先进国的技术差距，开启未来的新兴产业。第二，强化

---

①　丁一倪：《台湾地区科技发展现况与展望》，《科技导报》，2004 年第 9 期。

智能资产运用。在"科技基本法"允许政府出资研发成果可由财团法人研究机构拥有并自由运用后，研究机构除对产生优良的智能财产权进行策略性布局外，还应对获得的智能财产权进行组合包装、必要的加值及建立有效的流通机制，以建立领导性创新产业。第三，推动国际科技合作。为运用全球创新资源，财团法人研究机构将持续与岛外研究机构进行策略联盟，并更积极地建立制度、交流人才及选择合作计划。第四，建立领导型及自主型技术。财团法人研究机构应建立跨领域、跨单位和业界早期参与研究的机制，加速研发与产业发展的时效。第五，研究机构组织改造。为使工研院成为区域创新体系的核心成员，要求工研院进行组织改造工作，建立专业、弹性、有效率、分享及学习型的组织型态及运作机制，塑造客户导向、创新前瞻的文化，并进行工研院因应未来产业发展的定位策略规划。

4. 加快科技服务业的发展，加强科技服务业在加强创新主体之间的互动、科技成果转化等方面的媒介作用

主张"扶植研发服务产业发展"。研发支持或周边产业对于促进研发效率、加速研发活动、加快实现产业化有很大帮助，因此，将通过补助来鼓励研发服务业的发展。

5. 加强科技人才培养，重视科技人才的国际化，为创新主体互动及技术扩散提供高素质的具有能动性的主体

主要措施包括：

（1）吸引国际研发人才。当局将通过建构良好的环境及强势的招商活动，积极招募国际研发人才，填补台湾培训人才数量的不足，并整合产、官、学各界资源，以解决知识经济下产业多面临的跨领域人才不足问题，并促进人力资源的国际接轨。主要工作项目包括：

①招揽海外科技人才；②吸引外国留学生；③鼓励海外留学；④大学国际化；⑤全球学术网络——亚太中枢计划。

（2）建立重点产业学院。在台湾，半导体产业与数字化产业是重点产业，充足的专业人才是这两产业成功的关键。因此，计划设立半导体学院和数字化学院。

6. 鼓励推动业界研发联盟，加强创新主体之间的互动

产业界、产业技术研究机构、大学与学术机构、研发服务业四者构成了创新研发体系，它们之间必须建立紧密的水平与垂直网络关系，才能产生蓬勃的创新研发活动。因此，该计划鼓励多家业者共同进行合作研究，并利用项目的形式积极促成它们的合作。

7. 建构特色产业技术研发园区，为产业集群的形成提供有利的基底条件

创新研发园区能够为创新所需要之环境、人才、大学及研究机构之交流和互动关系提供基底条件。台湾当局规划建立一系列全岛开发型的创新科技园区，包括新竹生物医学园区、新竹 IC 设计园区、中部科学园区、中部再生科技园区与花卉生物科技园区、台南科学园区、农业生物科技园区、再生科技园区与南港生物科技园区等。希望通过这些特色产业技术研发园区的建设，"达到整合区域科技研发资源，催生相关产业群聚形成，培育新创产业，促成新兴公司创设与传统产业转型"的目的。

第 五 章

优化政策环境　提升产业能级

——新加坡促使跨国公司研发机构与本土互动
及技术扩散的做法

一、跨国公司在新加坡研发机构的现状与特点

新加坡是亚洲发展中国家中吸引跨国公司研发投资最早也最多的国家之一。该国的另一个显著特点是跨国公司研发支出占该国产业研发支出的一半以上，在化学和生命科学产业中，这一比例甚至超过70%。这种外资在一国产业研发活动中占据主导地位的状况，在发展中国家中，新加坡是独树一帜的。

跨国公司在新加坡的研发投资主要具有以下四个特点：

1. 投资额不断增加，在新加坡研发活动中占据重要位置

从1970年代后期开始，跨国公司在新加坡的研发投资呈上升趋势，在私人部门研发投资中占据重要地位。如表5-1所示，外国公司研发支出额占新加坡私人部门研发支出总额的比例始终保持55%以上的比重，2009年该比例甚至高达72.7%。

表 5 - 1　新加坡不同产业部门中外国公司所占份额，1996 年 ~ 2009 年

产业部门	外国公司 R&D 支出占产业 R&D 支出总额的比例（%）			
	1996	2001	2005	2009
制造业	69.1	61.9	72.2	77.9
其中：生命科学	71.6	59.6	97.5	92.2
电子	68.8	67.6	66.9	84.4
化学	90.9	74.5	89.4	83.5
工程	51.1	37.9	63.0	62.9
通用制造业	12.7	17.9	91.3	20.7
服务业	51.8	41.1	57.0	64.3
其中：IT 和通讯	54.7	43.6	31.2	40.5
物流	-	-	0.1	14.3
金融和商业	67.1	46.9	48.6	66.6
其他服务业	16.2	36.9	80.4	80.3
所有产业部门	67.0	57.6	66.8	72.7

资料来源：［新］National Science and Technology Board（NSTB），National Survey of R&D in Singapore（1996 ~ 2009），http：//www. singstat. gov. sg/.

2. 高度集中于电子、化学和生命科学行业

跨国公司研发资金集中程度相当高。1970 年代，外国公司在新加坡的研发活动主要集中于家电部门，还有少量企业从事半导体和信息通讯技术（ICT）行业。从 1980 年代开始，跨国公司研发资金开始向电子、化学和生命科学这三个关键技术产业集中。2009 年，外国公司研发支出占这三个产业私人部门研发支出总额的 83.5% ~ 92.2%，高于其在私人部门研发支出总额中的比例（72.7%）（表 5 - 1）。电子、化学和生物医药是新加坡主要的制造业部门，由此可见，跨国公司主导着新加坡关键产业的研发活动。

3. 母国来源以美、日、欧为主

来自美国、日本和欧盟的许多大型跨国公司都在新加坡设立了研发机构，如美国的惠普公司、摩托罗拉公司、德州仪器公司、Molex 公司、菲利浦斯公司、Black & Decker 公司、希捷技术公司、Berg 技术公司、朗讯技术公司等，日本的索尼公司、松下公司、东芝公司，法国的 Thomson 家电公司、Genset 生物工程公司，瑞典的爱立信公司，荷兰的飞利浦公司等。在新加坡从事研发活动的跨国公司的国别分布状况与新加坡制造业中外资的国别来源具有一致性。

4. 主要目的是提供技术支持

跨国公司在新加坡的研发机构主要是以支持地方生产为目的的，其中有许多研发机构附属于制造业部门，任务是接受母公司技术转移、支持地方生产、改进产品设计以满足地方顾客的需求，因而，规模普遍较小。例如，跨国公司在新加坡的研发机构中，索尼是 18 人，飞利浦是 50 人，IBM 是 14 人，东芝（录像机生产）是 50 人，数码消费者技术中心是 60 人，NEC 的新移动通讯开发部是 20 人，松下（组装测试和集成电路包装）是 40 人①。此外，新加坡的外资研发机构还具有在跨国公司研发体系中的地位较低，与制造业部门的联系密切，而与跨国公司研发中心及其他研发机构的联系较为松散等特点。

近年来，随着新加坡电子、信息技术和生物技术产业的迅速发展，跨国公司设立的研发机构数量也呈上升趋势。在新设立的研发机构中，有一部分已经具有地方和区域产品开发乃至研究的功能。

---

① Amsden, A. H. , Tschang, T. , Goto, A. （2001）, Do Foreign Companies Conduct R&D in Developing Countries? ADB Institute Working Paper 14, Tokyo.

这类研发机构中，比较著名的有：惠普亚洲喷墨打印机和手柄开发中心、飞利浦家用音响电子产品部、希捷台式硬驱设计中心等①。

二、跨国公司在新加坡设立研发机构的动因

1. 支持地方生产

研究显示，跨国公司在新加坡设立研发机构主要是为了支持地方生产，地方研发水平还不足以构成显著的吸引力。楚天骄（2007）对跨国公司在新加坡的研发投资的影响因素进行了研究。她以跨国公司在新加坡的研发支出为自变量，以跨国公司在新加坡的制造业投资额、跨国公司在新加坡的子公司出口额、新加坡研发支出总额、新加坡科学家和工程师人数、新加坡的专利授予数为因变量进行多元回归分析，结果发现，跨国公司在新加坡的研发投资与两个指标——跨国公司 FDI 和跨国公司子公司出口额高度相关，说明支持地方生产和使产品适应目标市场需求是跨国公司在新加坡进行研发活动的动机。而其他三个变量对跨国公司在新加坡的研发投资解释力不足，说明利用地方创新资源还未成为跨国公司在新加坡进行研发投资的主要动因。

新加坡学者对跨国公司在新加坡设立的研发机构进行调研的结果也支持这一结论。例如，惠普公司的研发机构主要是利用母公司提供的核心技术对设计加以改进；飞利浦在总部 Eindhoven 的工业技术中心（CFT）负责先进技术研究，位于美国加利福尼亚的 Sunnuvale（CFT）负责产品开发，而位于新加坡的 CFT 则是"生产指向"的，负责支持公司在新加坡的家用电熨斗等产品的生产；东芝公司

① Amsden, A. H., Tschang, T., Goto, A. (2001), Do Foreign Companies Conduct R&D in Developing Countries? ADB Institute Working Paper 14, Tokyo.

在新加坡的研发机构则主要负责电视机和录像机外盒及软件设计，并支持公司在东南亚的生产经营活动；Oculex 亚洲制药有限公司成立于 1996 年，其美国总部负责基础研究，在新加坡的研发机构则负责产品的商业化生产、产品质量检测等，使产品符合新加坡政府的要求（Wong，2002）。

2. 利用地方政府提供的优惠政策

（1）获取资金资助

新加坡政府通过提供资金资助和税收优惠来吸引跨国公司前来设立研发机构。由新加坡国家科学技术委员会（NSTB）提供的数字表明，1991 年~1999 年间，跨国公司每投资于研发 1 美元，新加坡政府大致投入 30 美分。根据 Amsden 等（2001）对新加坡企业的实地调研，外资公司一致强调它们在新加坡进行研发投资是因为政府的资金支持。例如，惠普、索尼、飞利浦、东芝、松下等跨国公司都表示，其在新加坡设立研发机构是"对新加坡政府提供'慷慨的'财务刺激的响应"（Amsden，Tschang，etc.，2001）。

此外，新加坡政府还针对重点发展的产业设立专项资助政策。为了发展生物制药产业，2000 年之前新加坡政府就曾拨款 7 亿新元，用于生物制药领域的研发活动；2000 年 6 月又拨款 10 亿新元，作为生物制药研发基金，通过经济发展局投资于生命科学公司。2002 年，美国礼来公司在新加坡设立研发中心。为此，新加坡经济发展局从生命科学研发基金中拿出一部分来支持该项目，这也是该公司把研发中心设在新加坡的重要原因之一。瑞士著名医药公司诺华公司也出于同样的原因在新加坡设立了一家研究所[①]。

---

① 中华人民共和国科学技术部：《国际科学技术发展报告 2003》，科学出版社，2003 年，p. 176。

（2）获取税费优惠

为了鼓励跨国公司研发中心在新加坡落户，新加坡经济发展局专门出台了与之配套的税收优惠政策。第一项政策是，经过批准，跨国公司在新加坡从事的计算机编程、试验和测试以及与医药相关研究的研发费用可以免税。从 2003 年起，又将免税范围从有限的几个行业扩大到所有行业，规定用于研发的费用都可作双重扣除后再纳税。第二项政策是，从 2002 年 5 月起，企业在新加坡扩大再生产、升级，或者新上项目时，被认定为是企业的"发展阶段"，该阶段的税收从最低 10% 进一步减少到 5%。税收减免降低了跨国公司研发活动的成本，对跨国公司研发投资富有吸引力。

三、跨国公司研发机构与新加坡本土创新主体互动的途径及作用

1. 跨国公司研发机构与新加坡本土创新主体互动的途径

（1）跨国公司将相关的研发成果提供给上游企业或下游企业，促进了技术扩散

在亚洲的电子产业发展历程中，跨国公司，尤其是美国跨国公司的技术转移发挥了一定的积极作用。早在 1960 年代末，美国的一些大型跨国公司就开始在亚洲发展中国家建立廉价生产基地，并不断对其当地子公司进行技术升级。为了使地方配套产品符合要求，跨国公司子公司会对地方合作伙伴进行技术转让和人员培训，提高了东道国技术专业化程度，在一定程度上加快了亚洲电子产业的发展。例如，美国惠普公司在新加坡的业务从 1977 年的组装电子计算机发展到向全球推销其便携式打印机、台式个人电脑和服务器，由

当地制造、进行工艺设计、工具开发和芯片设计①。新加坡的跨国公司研发机构通过后向联系促进了当地相关产业的发展，对新加坡发展成为世界重要的计算机硬件供应基地发挥了一定的作用。

（2）经跨国公司培训的研发人员进入东道国企业或研究机构，带来了知识扩散

人员流动是研发溢出的重要途径。研发成果初期仅表现为 Idea，难以受专利制度的保护。随着研发人员工作的变动，知识就会不断扩散到其他厂商。在新加坡，跨国公司研发机构的规模一般都比较小，而新加坡政府积极促成它们与政府研究所进行多种方式的合作，这些政府研究所拥有大量高级专门技术人才，跨国公司研发机构可以从那里雇用技术人才，也可以采取合作研究的方式。政府部门的研究人员与跨国公司研发机构合作结束，就返回政府实验室或流动到地方企业。同时，这些政府研究所还承担着为本土企业提供技术服务的任务。通过这种途径，跨国公司研发机构的知识向本土研发机构和企业的流动就得以实现。

2. 跨国公司研发机构与本土互动的作用

由于跨国公司在新加坡的研发投资有较长的历史，同时，在新加坡政府的不懈努力下，这个外资占经济重要比例的经济体已经成功地实现了从制造业向服务业升级的目标，并正在逐步向区域性研发中心的地位迈进，这一进步在新兴的生物制药业尤为显著。1999年以来，新加坡开始重视生物制药业，并将吸引生物制药业跨国公司作为促进生物制药业发展的重要措施。通过在国际上的大力宣传

---

① 博拉斯：《听任自生自灭：亚洲生产网络和美国电子业的复兴》，载［美］巴里·诺顿主编：《经济圈——中国大陆、香港、台湾的经济和科技》，新华出版社，1999 年，p. 165。

及提供生物制药研发基金，包括礼来制药厂和 NOVATIS 公司在内的若干国际知名的生物制药业跨国公司在新加坡设立了研发机构。同时，新加坡还采取多种措施提高本地生物制药业科研院所和企业的研发水平。2002 年以来，新加坡的生物制药业呈现良好的发展势头，成为制造业的明星，有望成为制造业的第四个支柱产业。

新加坡生物制药业的发展已经引起国际上的一定关注。美国商务部技术管理处的官员在实地考察了新加坡的发展状况后，建议美国的生物医药研究和融资机构以及企业界注意新加坡可能产生的机会，探讨与新加坡合作的可能性。可见，跨国公司研发机构对新加坡本土创新能力的提高已经起到了一定的作用。

四、新加坡政府促进跨国公司研发机构
与本土互动及技术扩散的政策措施

新加坡科技发展起步甚晚。1990 年，新加坡的研发投入占国内生产总值的比例只有 0.8%。1991 年 1 月新加坡成立了国家科技局①，标志着政府促进高新技术产业化发展的直接政策的开始。由于跨国公司在新加坡的经济发展中占据着举足轻重的地位，随着新加坡经济发展水平的提高和产业结构升级压力的加大，新加坡较早提出了吸引跨国公司研发机构的思路和政策措施。其中针对吸引跨国公司研发机构及促使其技术扩散的政策措施主要有以下内容：

----

① 2002 年 1 月，新加坡国家科技局改名为科学技术和研究局（A＊STAR，中文简称新＊科研）。新＊科研采用英国政府管理研究所的模式，由一个行政部门、两个研究理事会和一个负责科技成果推广的私人公司组成，研究所通过两个研究理事会直接管理，从而组成了新＊科研的组织结构。

1. 大力吸引跨国公司研发机构，并促使其扩大规模和提升能级

（1）设立资助资金

早在 1991 年 9 月出台的国家科技计划中，就要求国家科技局设立了研究与开发援助计划（RDAS）和公司研究奖励计划（RISC）。其中 RISC 是一项拨款计划，用来支持由私人机构进行（或由私人机构参与）的研发项目。RISC 是一项投资支持计划，用于帮助本地公司和在新加坡的外国公司发展其研发能力。1995 年 9 月，新加坡工贸部长宣布政府将另拨 3 亿新元用于此计划，其目的是吸引更多的外国公司在新加坡设立研发机构，扩大研发范围，如电子、化工、机械工程、生物技术等，以避免过分依赖某个领域的现象。预期的目标是通过这 3 亿新元的资金吸引超过 10 亿新元的研究与开发投资项目到新加坡来①。在这两个计划的支持下，许多跨国公司在新加坡设立了研发机构。例如，西门子在新加坡设立了 IC 研究开发设计中心，进行最新的 IC 设计和测试；日本住友化学亚洲公司投资 2000 万新元在科技园内设立了燃料实验室；美国摩托罗拉集团投资 5700 万元设立了科技创新中心；世界最大的特殊化学品制造商美国 Nalco 化学公司投资 200 万美元设立了应用实验室②。2000 年出台的第三个国家科技发展五年计划将总投资额增加到 70 亿新元，其中 50% 用作提升国家的科研能力和吸引外国研究中心。

（2）提供税收优惠

为了吸引跨国公司研发中心在新加坡落户，经济发展局出台了

---

① 奈旨云：《1995 年新加坡科技发展综述》，《全球科技经济瞭望》，1996 年第 6 期。
② 奈旨云：《1994 年新加坡科技发展综述》，《全球科技经济瞭望》，1995 年第 5 期。

与之配套的税收优惠政策。第一项是从 2003 年开始，所有行业用于研发的费用都可做双重扣除后再纳税，而此前只局限在少数几个行业，如计算机编程、试验和测试以及与医药研究相关的活动等；第二项是企业在新加坡扩大再生产和升级或新上项目时，若被认为是企业的"发展阶段"，则该阶段的税收从最低 10% 减少到 5%，这项政策从 2002 年 5 月已经生效。

（3）设立海外代表处等其他措施

为了吸引跨国公司研发机构，新加坡还针对特定产业和特定国家实行多种招商形式。例如，为了吸引欧美等国家的生物研究机构和企业落户新加坡，新 * 科研和经济发展局通过在加拿大和英国参加和举办国际研讨会和展览会的机会，展示新加坡近年来在生物医药方面的研究成果，广泛宣传新加坡生物科技发展的前景。此外，经济发展局还专门在伦敦设立了一个代表处，专门寻求与欧洲等发达国家在生物制药方面合作的机会。

2. 加强政府研究机构的力量，并促使其成为跨国公司研发机构与本土企业之间知识流动的桥梁

为了弥补整体科研实力不强的缺陷，从 1991 年开始，新加坡国家科技局配合其他与科技发展有关的政府机构和大专院校设立国家研究机构。目前，属于新 * 科研直接支持的研究院和技术中心有 14 个，分别用于支持先进制造技术、微电子技术、新材料、生物和药品、信息技术、环境等领域的研发活动，这些领域都与新加坡产业密切相关。其中较有影响的机构有微电子研究院、GNTIC 制造技术研究院、分子和细胞生物研究院、分子农业生物技术研究院、系统科学研究院、数据存储研究院、环境技术研究院等。政府鼓励这些研究机构与国外研究院所及跨国公司在新加坡的研发机构建立合作

关系。例如，数据存储研究院在短短 5 年的发展中，就与美国、欧洲的大学研究所建立了合作关系，并在本地接收跨国公司委托的开发项目。这使它们有更多的机会广泛了解本领域前沿技术的发展动向。其他机构如微电子研究院、GNTIC 制造技术研究院、分子和细胞生物研究院等也都以它们广泛的国际联系保持对本领域科研和技术开发动向的了解。

政府鼓励科研院所为产业服务。国家科技局一直在促进研究院和中心面向产业界需要进行研发活动。在这方面可以分为两个层次，一是研究院与跨国公司合作或接受它们的委托，确定一些研发题目，然后着手工作；另一个层次是与本地企业联系，为它们解决生产技术问题提供服务。这种与产业界联系和服务的方式使研究人员有机会接触实际的产业问题，从而也通过跨国公司了解某些国际市场上顶尖产品的研发问题，接触到某些技术前沿问题。而通过它们对本地企业的服务，可以将这些知识应用于本地的研发当中，从而在跨国公司研发机构与本土企业之间发挥桥梁作用。

为了鼓励科研院所为企业服务，政府建立了一套有效的激励机制。一般来说，来自产业界研究经费份额在总经费中占 10%～30%。具体做法是，国家科技局按照研究院的经费总预算数额拨付约 40%的经费，实际上这笔费用已可应付主要研发项目。其余部分按照研究院所从工业界获得的资助额 1:1 对等地拨付，即当研究院所从企业获得相当于总预算额 30%的资助，科技局则给予另外 30%。这一措施促使研究院和中心多数设有专门与产业界联系的部门，以加强与企业界的接触和联络。以分子农业生物研究院为例。其 1997 年执行的新加坡－中国生物技术合作项目，每年经费 200 多万新元，由于联系本地企业和跨国公司的参与，还可以从企业界得到 70 万～80

万新元，被科技局认为是执行较好的项目①。

在 1990 年由国家生物技术委员会制定的生物技术总规划中，鼓励大学、科研机构和企业合作是一个重要的政策方向。一个典型的例子是英国的 GLOXO 公司投资 3100 万美元与 IMCB 共同研制防治脑病的药物，经济发展局、IMCB 和 GLAXO 更进一步合作成立了天然制品研究中心，通过大量地提取筛选天然物品从中发现新的药物。

3. 鼓励本土企业提高研发水平，并促使其与跨国公司研发机构开展合作

新加坡中小企业占企业总数的 90% 左右。从政府科技主管部门的角度来说，发展高技术企业和培养中小企业的一个途径是鼓励它们进行研发活动，增加在研发方面的投入。1990 年代以来，新加坡在科研方面的投资稳步增加（表 5 - 2）。从 2010 年起，新加坡在研究和开发方面的支出占国内生产总值的比例超过 2%，达到了发达国家 2%~3% 的水平。2010 年出台的第五个国家科技计划（STP2010）将 2011 年 ~ 2015 年的 R&D 预算提高到 135.5 亿新元。实际上，2011 年 ~ 2015 年的 R&D 预算为 161 亿新元，在 STP2010 的基础上又增加了 20%。这些经费中有相当比例通过各种援助计划来支持研发项目及帮助企业提高研发能力。

表 5 - 2　新加坡部分研发指标的增长情况，1978 年 ~ 2010 年

年　份	研发支出总额 （百万新元）	研发/GDP （%）	科学家和工程师 人数（人）	每万人中科学家 和工程师人数
1978	37.8	0.21	818	8.4
1981	81	0.26	1193	10.6

①　贺熙炳：《1997 年新加坡科技发展综述》，《全球科技经济瞭望》，1998 年第 4 期。

年　份	研发支出总额 （百万新元）	研发/GDP （％）	科学家和工程师 人数（人）	每万人中科学家 和工程师人数
1987	374.7	0.86	3361	25.3
1990	571.7	0.84	4329	27.7
1995	1366.55	1.13	8340	47.7
2000	3009.5	1.89	18302	83.5
2001	3232.68	2.06	15366	65.9
2002	3404.66	2.10	15654	67.5
2003	3424.47	2.05	17074	73.8
2004	4061.90	2.13	18935	80.9
2005	4582.21	2.19	21338	90.1
2006	5009.70	2.17	22675	87.4
2007	6339.09	2.37	24506	90.4
2008	7128.11	2.66	25745	87.6
2009	6042.83	2.27	26608	87.8
2010	6489.02	2.14	28296	90.2

资料来源：根据 http://www.singstat.gov.sg/ 相关数据整理。

　　为特别鼓励本地中小企业利用国家研究机构的技术资源，国家科技局在 1995 年初推出联合研究计划（CRP），由新加坡公民或者永久居民拥有 30% 以上股份的本地公司在和国家研究机构共同进行研发项目时，可以申请这个计划的援助，援助额可高达项目经费的 70%。这个计划的目的是帮助那些没有能力单独进行研发的中小企业引进和应用新科技，它们可以单独和研究机构合作申请，也可以多个公司联合与研究机构合作申请，充分反映了政府扶持和帮助中小企业发展的愿望。此外，另外两个支持企业进行研发的援助计划——研究与开发援助计划（RDAS）和公司研究奖励计划（RISC）

也同样适用于本地企业。

4. 增加高技术人才供给，以满足跨国公司研发机构所需的国际化的高素质科技人才

充足的高素质人才是吸引跨国公司研发的必备条件。作为一个非常小的经济体，只有 508 万人口的新加坡始终面临着缺少高水平研究队伍的困扰。新加坡政府在过去 20 年中一直把开发人力资源置于最重要的地位，并采取了许多具体措施，包括：

（1）加强对现有人才的培训。为了缓解技术人员短缺的矛盾，新加坡政府采取了一系列措施。首先，以政府拨款作为科研与开发基金，资助与鼓励私人企业积极参与，促使人员在质与量上的双向提升；其次，通过重新训练与培养企业原有的科研人才，鼓励科研人才的再教育，以及鼓励具有高教育水平的人才加入研发行列。

（2）大量吸引海外人才。一项统计表明，在新加坡从事科研工作的近 2 万名人员当中，新加坡本地人仅占 22%。可见海外人才对新加坡科技发展的作用之大。为了提升国家的研发水平，也为了弥补短期内对人才的急切需求，新加坡经济发展局从 1980 年代起便有专门吸引海外人才的计划，在世界范围内招聘所需要的专业和技术人才。1997 年以来人才政策的重点是吸收海外技术员工、高级科技人员及企业界高级管理人才，以满足跨国公司在新加坡发展业务、形成区域科技中心和促进本地企业成长为新兴国际企业的需要。

（3）加强高等教育和高级科研人才的培养。在新加坡的国家预算中，教育支出从来都居第二位，仅次于国防和内部安全的预算。特别是高等教育，在近些年得到迅速发展。今天，有 40% 的青年人接受高等教育，20% 进入职业和技术学院。1998 年 9 月，新加坡经济发展局宣布吸引10所世界最优秀的大学在新加坡设立分校，引起欧洲管理学院、美国麻省理工学院等世界一流大学的积极响应。同时，新加坡政府还与国际著名的科研机构和中心联合训练、培养人才，以使研发能力能更快地追上国际水平。这些措施的实施为满足私人部门技术升级的需要提供了富有经验的劳动力。

（4）利用重点研发研究院与中心培训和储备人才。新加坡的重点研发研究院与中心还承担着为私人部门提供富有经验的高级研究人才的职能。在新加坡的跨国公司都指出，它们之所以将原先的从事较低层次研究的实验室升级，不仅在于从新加坡能够雇到理工博士，而且还能雇到有丰富研究经验的理工博士。重点研发研究院与中心本身承担着进行应用研究的职能，在提供科研成果的同时，还可以提供大量的训练有素的有理工博士学位的高级科研人员。例如，在重点研发研究院与中心，CWC的理工博士占职工总数的16%；在微电子工程院，有理工博士100人，大约是职工人数的一半；在从事基础研究的细胞生物分子研究院，300名职员中80%是有理工博士学位的科学家。重点研发研究院与中心储备的这些高素质人才，可以满足私人部门雇用他们承担更先进的研发活动的需要。

（5）设立奖学金，加强人才储备。为了适应科学研究的发展，从2001年7月开始，新*科研设立了5亿新元的全国科学奖学金计划，鼓励本地大学生热爱科学研究工作，利用政府所提供的奖学金继续深造攻读博士学位。奖学金计划的实施在青年学生中产生了肯于钻研、热爱科学的效应。从2002年开始，两所主要的大学——新加坡国立大学和南洋理工大学，都扩大了理工科的招生人数，尤其是南洋理工大学增设了生物专业，报考生物专业的学生骤增。

5. 完善创新环境建设和创新技术设施建设，为知识流动创造良好的环境

（1）加强对知识产权的管理，塑造良好的制度环境

香港国际政治和经济风险资讯机构的调查显示，新加坡是对知识产权保护最好的国家，执法严厉，管制措施完善，能够有效地制止各种盗版活动；同时又能为企业提供完善的法律保护，使其免受盗版活动的侵害。即使在这种情况下，新加坡仍然非常重视对知识产权的管理。经济发展局从知识产权局（IPOS，2001 年通过重组后成立）接过管理"专利申请基金"的同时，再次注入了 1000 万元新币，并将该基金更名为"专利申请增进基金"，目的是通过资助部分专利申请费，增强个人和公司保护自身知识产权的意识。得到资助的申请项目可从基金中获取 50% 申请费用。在新加坡申请一项专利相当昂贵，要支付的费用在 1 万至 25 万元新币之间。凡符合条件的公民、永久居民及在新加坡的中小型企业（含本地和外资）均可申请。经济发展局希望通过该项举措激励研发创新，鼓励和保护本地的知识产权，使新加坡逐渐成为该地区领先的知识产权中枢。

为加强对知识产权的保护和管理，新加坡律政部与司法和学术界合作，加速培养专业人才，加强理论研究工作，准备筹建知识产权学院；同时还与其他部门合作，建立和完善知识产权政策立法的基本框架，保持与国际仲裁中心的密切关系，力图利用新加坡先进的法律基础设施，把新加坡发展成国际知识产权仲裁和纠纷调解中心之一。与之相应，最高法院设立了知识产权特别法庭，专门仲裁和调解知识产权方面的纠纷。

（2）建设专业科技园区，密切研发环节不同阶段之间的联系

为了取得集群效应，加强产学研互动，新加坡积极建设产业聚

集区。为了发展 IT 产业，新加坡于 1990 年代初就开发建设了裕廊科技产业聚集区，吸引本地企业和跨国公司在区内落户。2001 年，为了发展生物科技产业，新加坡又开发建设了纬壹科学城，该科学城主要由启奥城（Biopolis）和启汇城（Fusionpolis）组成。启奥城于2003 年 10 月建成并投入使用，为五所生物研究和技术方面的研究所以及公司研发中心提供设施服务；启汇城以及相应配套设施于 2008年建成，汇聚了除生物医药之外的所有技术研究实体和公司的研发中心。该科技城的基本概念是在规划的 200 公顷土地面积上，集工作、居住、娱乐、商务四项功能为一体，建设高度现代化和艺术化的城中城。产业在园区的集聚，有利于形成从上游研究到下游开发的发展链，密切研究、开发和产业化各个阶段之间的联系，加大研究成果对产业发展的推动作用。

（3）改善信息基础设施，为知识流动创造便利条件

完善的信息基础设施有利于带动整个国家经济活动与国际经济更快、更紧密地融合，也为知识在国内外的流动创造更好的条件。新加坡政府从 1980 年代后半期开始就提出了若干资讯基础建设计划，其中较大的有五个：一是 1986 年制定的"国家信息科技计划"（The National IT Plan）（1986 ~ 1990）；二是 1991 年提出的"IT2000"计划（The IT 2000 Report：Vision of an Intelligent Island）；三是 1996 年制定的"Singapore ONE 计划"；四是 2000 年 12 月提出的"Infocomm 21"；五是 2003 年启动的"国家网络试验计划"，目的是将传输速率提高 10 倍以上，达到 1Gpbs，以满足研究机构对大批量信息和数据快速传输的要求。网络除了覆盖大学、研究所和纬壹科学城外，还要延伸到美国、英国和日本的合作研究机构（见表5 - 3）。

表 5 - 3　新加坡各阶段的资讯基础设施建设计划

时　间	计划名称	对　象	目　标
1986	国家信息科技计划*	公共部门、政府机构及各部会	提高生产力，培育 IT 人才
1991	IT2000*	民营企业、IT 产业、公司	发展 IT 产业，推展企业使用 IT
1996	Singapore ONE 计划*	上下游产业、社区及个人	智慧岛
2000	Infocomm 21*	公共部门、企业及跨国公司	信息及通讯枢纽港
2003	国家网络试验计划**	大学、研究所、纬壹科学城、美国、英国和日本的合作研究机构	满足研究机构对大批量信息和数据快速传输的要求

资料来源：*林世渊：《新加坡 IT 产业发展的背景及政策实施》，《亚太经济》，2003 年第 6 期。**申会水：《2003 年新加坡科技发展综述》，《全球科技经济瞭望》，2004 年第 3 期。

第 六 章

提高合作能力　　整合知识资源

——印度促进跨国公司研发机构与本土互动及技术扩散的做法

一、跨国公司在印度研发机构的现状与特点

印度直到 1991 年才开放经济，起步比中国晚，但是在吸引跨国公司研发投资方面却具有独特的优势。1984 年，美国德州仪器公司（TI）在印度班加罗尔成立办公室，专门负责该公司在芯片生产过程中的软件测试及验证工作，这也是第一家在印度设立研发中心的知名跨国公司。随后，美国通用电气公司以及摩托罗拉公司等相继在班加罗尔设立产品实验室，开展产品研发以及基础研究工作。印度大量的工程技术人员优势使得这些知名公司大大降低了技术开发成本，班加罗尔逐渐赢得了"印度硅谷"的美誉。到目前为止，英特尔、微软、三星电子、飞利浦等大多数知名公司都将其设在印度的实验室作为企业研发环节的重要组成部分。一份调查报告显示，目前印度已经成为全球最受欢迎的研发投资目的国之一。截至 2010 年 12 月，跨国公司在印度设立了 851 家研发中心①。跨国公司研发投

---

① Zinnov（2011），Operations Cost Benchmarking 2011，p. 11.

资已经成为印度研发投资的重要组成部分（参见表 6 - 1），甚至于基地设在爱尔兰的一家研究机构调查与市场公司的报告认为，印度的技术创新是由世界技术巨头投资于印度的研发中心的研发预算驱动的。随着印度吸引跨国公司研发投资的不断增加，它已成为西方媒体眼中的"世界实验室"。

表 6 - 1 外资公司 R&D 支出情况，2003 年 ~ 2010 年

财政年度①	（1）外资公司 R&D 支出额（百万卢比）	（2）私人部门 R&D 支出总额（百万卢比）	(1)/(2)×100(%)
2002 - 03	2860	34983	8. 18
2003 - 04	3100	44713	6. 93
2004 - 05	3570	60390	5. 91
2005 - 06	5290	74442	7. 11
2006 - 07	6680	91281	7. 32
2007 - 08	22230	111929	19. 86
2008 - 09	26010	—	—
2009 - 10	28830	—	—

资料来源：Reserve Bank of India（2011），Annual Report 2010 - 11，Mumbai：Reserve Bank of India Secretariat of Industrial Assistance（various issues），SIA Newsletter，http：// dipp. nic. in/English/Publications/SIA_NewsLetter/SIA_NewsLetter. aspx.

1. 发展势头迅猛

跨国公司在印度设立研发机构开始于 1980 年代。但是，在 1990 年代中期以前，在印度设立研发机构的跨国公司并不多，直到 1997 年，也只有 30 家左右。2000 年以后，跨国公司加快了在印度设立研发机构的步伐。根据 Basant 和 Mani（2012）的调查，在 120 个跨国

---

① 印度的财政年度为每年 4 月 1 日至下一年 3 月 31 日。

公司研发机构样本中，成立于 1990 年之前的约占 24%，成立于 1990 年 ~ 2000 年的约占 31%，成立于 2000 年以后的约占 37%。以美国跨国公司为例，2004 年之后，其在印度的研发投资快速增加，设立的研发机构数量也迅速增加（图 6 - 1）。跨国公司在印度设立的研发机构情况见表 6 - 2。

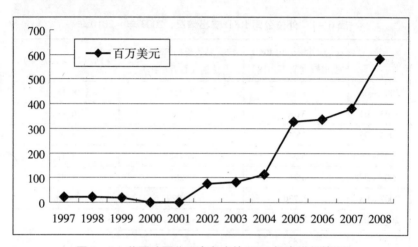

图 6 - 1　美国跨国公司在印度的 R&D 投资增长情况

注：缺少 2000 年和 2001 年的数据。

资料来源：National Science Board（2012）. Science and Engineering Indicators 2012. Arlington VA：National Science Foundation（NSB 12 - 01）.

表 6 - 2　跨国公司在印度的部分研发机构简况

机构名称	概　　况
德州仪器研发中心（班加罗尔）	建立于 1984 年，当时仅 20 人。2003 年上半年增加到 900 人。从事 VLSI 和嵌入式软件开发
甲骨文印度开发中心（班加罗尔、海德拉巴）	班加罗尔中心建立于 1994 年，海德拉巴中心建立于 1999 年。是甲骨文公司位于美国之外的最大的开发中心，2003 年年底达到 4000 人。主要负责甲骨文数据库产品、应用产品、商业信息产品和应用型开发工具等

续 表

机构名称	概 况
太阳微系统公司印度工程中心（班加罗尔）	建立于 1999 年年中，开始时仅 20 人，2003 年年中为 500 人。从事包括 Solaris 和 Sun One 在内的太阳微公司的软件开发
i2 技术公司研发实验室（班加罗尔、孟买）	建立于 1988 年，开始时仅 20 人，2003 年年中增加到 1000 人。占公司全球开发传送量的 65%
IBM 软件实验室（班加罗尔、浦那）	成立于 2001 年。参与该公司所有软件的开发
SAP 印度实验室（班加罗尔）	成立于 1998 年 11 月，当时为 100 人。2003 年 9 月增加到 750 人，是 SAP 公司在德国的研发中心之外唯一一个单区位研发实验室。该公司 10% 左右的工作在这里完成
飞利浦创新园区（班加罗尔）	建立于 1996 年，当时有 10 人，2003 年年底增加到 1000 人，是该公司在荷兰之外最大的软件中心。从事公司产品软件开发
惠普实验室（班加罗尔）	建立于 2002 年，当时仅 2 人。2004 年年初将增加到 40 人左右。专门从事针对新兴市场的未来技术研究
现代汽车公司印度研发中心（海德拉巴）	建立于 2009 年 10 月，有 300 名工程师，重点发展小型车和家庭办公设施，也为其在韩国、日本、德国和美国的研发中心提供支援服务
雅培营养学研发中心（班加罗尔）	建立于 2012 年 6 月，超过 50 名研究人员和科学家在该中心工作，重点是利用当地的专业知识，从产品设计、开发、递送等方面开发针对印度当地民众的营养产品，重点为孕产妇、儿童及糖尿病护理产品，加速雅培营养产品组合在印度的扩张

资料来源：MNCs R&D centers mashroom in India.［India］Express Computer. 2003. 6. 9. www. expresscomputeronline. com，以及作者的整理。

2. 母国来源以美国、欧洲国家和日本为主，投资方向集中在 IT、汽车和医药产业

在印度设立研发机构最多的是美国跨国公司，欧洲跨国公司紧随其后，再后面是日本的跨国公司。IT 产业是吸引跨国公司研发机

构最多的部门（参见图6-2）。全球 IT 巨头几乎都在印度设立了自
己的研发机构，例如德州仪器公司、甲骨文公司、IBM、微软、朗讯
科技、SAP 公司、惠普、太阳微系统公司、飞利浦等。汽车业是跨
国公司在印度设立研发机构第二多的行业，现代、菲亚特、通用、
铃木、本田、雷诺－日产、博世、电装、大陆集团、伟世通、矢崎、
AVL、汉高、大众、丰田等都在印度设立了研发中心。医药是跨国
公司在印度设立研发机构较早也较多的行业，美国的礼来公司等知
名的跨国公司都在印度设立了研发机构。此外，生物技术行业、航
空航天、农业也有一些跨国公司研发机构，这些公司包括美国的雅
培、亨氏、麦当劳，瑞典的阿拉特斯公司等。

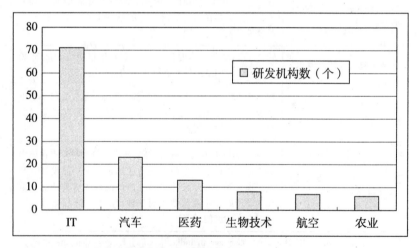

图6-2 跨国公司在印度研发机构的行业分布，1990 年～2005 年

资料来源：TIFAC 2005，Business news，Company reports.

**3. 研发机构规模较大，在跨国公司研发体系中占据着一定
的地位**

与跨国公司在其他发展中国家的研发机构相比，设在印度的研

发机构具有规模大、地位高的特点，其中有不少是跨国公司在其母国以外最大的研发机构。例如，GE 在印度班加罗尔的研发中心——John F Welch 技术中心投资 8000 万美元，有 1600 名雇员，其中有 1100 名技术专家，31% 是 Ph. D. ，44% 有硕士学位，是其在美国以外最大的研究机构。甲骨文公司分别位于印度班加罗尔和海得拉巴的甲骨文印度开发中心（IDC）、i2 技术公司的印度研发中心、飞利浦在班加罗尔的飞利浦创新园区（Philips Innovation Campus，PIC）、SAP 印度研发中心、德州仪器公司在印度的研发中心也都是其在母国之外最大的研究机构。此外，还有一些跨国公司在印度的研发机构虽然不是在其母国以外最大的研究机构，但在跨国公司全球研发网络中也具有相当重要的地位。例如，礼来公司在新德里的研究机构是其在亚洲最大的研究机构，也是其全球第三大研究机构，规模仅次于它在美国和加拿大的研究机构；总部设在荷兰的消费品巨头尤莱福公司在孟买设立了研究石油、农业生物技术和化妆品的实验室，在班加罗尔建立了研究食品的实验室，这两个实验室聘用了 200位科学家，是其在欧洲和北美以外仅有的研究机构；位于班加罗尔的 SAP 实验室是该公司除了在德国瓦尔道夫的研发中心以外最大的单区位中心。

4. 以产品开发为主，也有部分从事研究工作

跨国公司印度研发机构的主要职能有本地产品开发、全球产品开发和基础研究，大部分以产品开发职能为主，但有的研发机构同时具有其中两项乃至三项职能。例如，美国通用电气公司在印度的John F Welch 技术中心 70% 的资源用于产品开发，20% 的资源用于 5年~10 年的基础研究；美国太阳微系统公司的印度工程中心（IEC）进行公司面向全球市场的 Solaris OS 和 Sun One Platform 开发工作，

也进行母公司在印度的一些产品，包括接口服务器、网站服务器等的开发，此外，还参与母公司 App 服务器 50% 的研究任务，是该公司核心研发中心的组成部分；位于班加罗尔的 SAP 实验室开发的产品占该公司全球产品开发的 10%，全面负责该公司部分针对全球市场的产品开发；i2 技术公司的印度研发中心为全球市场全面开发了大量产品，公司从美国总部向印度中心派了很多工作人员，该中心占公司全球产品开发传输的 60%；IBM 设在印度的软件实验室负责 Websphere、U2、Lotus、Tivoli 和 Rational 的开发；甲骨文印度开发中心（IDC）进行通用产品开发，开发范围涉及甲骨文所有的数据库产品、应用产品、商业情报产品和应用开发工具；飞利浦创新园区从事知识产权研究和标准研究，以及飞利浦不同产品共用技术的研究，是该公司在荷兰以外第一家这种性质的研究队伍。

5. 取得了大量研究成果

跨国公司在印度的研发机构取得的专利数在不断增加（表 6-3）。例如，美国德州仪器公司 1984 年设立印度研发中心以来，已经获得了两百多项美国专利，这一骄人的成绩使德州仪器公司对它委以更高级别的研发任务。该中心专门开发超大规模集成（VLSI）设计和嵌入式软件开发，开发的大量产品已经应用于全球 IT 市场，为德州仪器公司带来了丰厚的利润。飞利浦创新园区（PIC）从事开发产品所需的大部分嵌入式软件，尽管该公司在荷兰总部爱因霍芬也进行软件开发工作，但是几乎每一件飞利浦的产品中都包含着飞利浦创新园区的成果。奥拉克尔数据库管理系统公司在印度设立了两个研发中心，一个在班加罗尔，另一个在海德拉巴，拥有雇员 6400 名，从事数据库、发展工具、应用服务器和电子商务应用软件开发。奥拉克尔公司最新版本的电子商务组合模块都是在印度设计的。

表6－3 部分跨国公司在印度的研发活动获得的

美国专利数量，2006 年～2010 年

	跨国公司名称	所属产业	2006 年～2010 年 累计取得专利数（项）
1	IBM	ICT	250
2	德州仪器	ICT	211
3	通用电气	电器和医药设备	193
4	意法半导体	ICT	135
5	霍尼韦尔	ICT	93
6	英特尔	ICT	92
7	思科	ICT	91
8	赛门铁克	ICT	91
9	博通	ICT	60
10	HP	ICT	57
11	微软	ICT	49
12	太阳微	ICT	43
13	基础创新塑料	化学	39
14	飞思卡尔半导体	ICT	35
15	SAP	ICT	31
16	赛普拉斯半导体	ICT	28
17	Adobe 系统	ICT	27
18	甲骨文	ICT	27
19	Veritas Operating 公司	ICT	26
20	GE 医药系统国际技术公司	电器和医药设备	24

资料来源：www. uspto. gov.

6. 有扩大规模、扩展研究领域的趋势

越来越多的跨国公司已经或计划对其在印度的研发中心的规模

进行扩张及对其分配更具战略性的研究任务。例如，i2 技术公司将其在印度的开发中心的人力规模从 2001 年的 900 人增加到 2002 年的 1000 人，并计划进一步扩张，预计未来其全球产品开发的 90% 由该中心参与。美国太阳微系统公司在班加罗尔的印度工程中心（IEC）也在扩大其经营规模。该中心 1999 年刚成立时仅有 20 人，在随后的 4 年中增加了 500 人，并扩大了经营场地，目前在班加罗尔有 2 处经营场所，900 名工作人员。SAP 实验室开始是派遣人员到印度工作，到了 2003 年 9 月，不仅在原来实验室的基础上增加了一个更大规模的新实验室，而且将工作人员从 620 人增加到 750 人，同时还扩展了研究领域。

二、跨国公司在印度设立研发机构的动因

1. 利用本土丰富的质优价廉的技术人才

丰富的质优价廉的技术人才对跨国公司在印度设立研发机构具有相当大的吸引力（表 6-4）。印度最大的资源就是一支庞大的、受过良好教育、讲英语而又愿意在相对较低工资水平上工作的劳动大军。尽管印度有大量文盲，它同时也拥有数以万计的工程师。2005 年以来，印度的工程师数量以年均 9% 的速度增长，每年毕业于印度高校的工程师多达 60 万名，此外，还有大批移居国外、但热切希望回国的博士。目前，全印度共有约 100 万 IT 专业人士，仅班加罗尔就有 30 万名软件技术人员。印度的程序员在 1990 年代还有一项事先未能预料到的优势，就是熟悉 Unix 操作系统。当该操作系统成为个人电脑和工作站配备的系统时，印度掌握该系统的程序员就成为全世界的稀有资源。印度是目前全世界持 Java 证书的开发人员最多的国家。

表6-4　跨国公司在印度设立全球性或区域性研发中心的动因

外资研发机构名称	设置研发机构的动因
印度阿拉特斯研究中心	可利用有才能的高素质人力以及低廉的人力与研发成本，接近领先的研究机构，如位于班加罗尔的印度科学院（Indian Institute of Science，IISs）
印度德州仪器公司	充裕的拥有雄厚理论科学和工程背景的研发人员，公司在亚太地区的战略存在以及讲英语的环境
亚太设计中心	利用熟练程度高且费用低的技术人员
印度联合利华有限公司	利用印度充裕的科学人才
印度D-B研究中心	利用印度的科学人才以及IISc和其他主要的政府资助机构的研发设施

资料来源：联合国贸发会议跨国公司与投资司编著，冼国明译：《1999年世界投资报告：外国直接投资和发展的挑战》，中国财经出版社，2000年9月。

　　成本效率也是一个主要决定因素，尽管不是关键因素。在印度，英国 Glaxo 药品公司雇用一个很好的科学家只需年薪 20 万卢比（不到 7000 美元）；一个研发负责人年薪只需 1.5 万~2 万美元，包括一套公寓和汽车。在发达国家雇用同等水平的人员所付的薪酬要高 10 倍。印度的电气工程师、电子工程师、空气力学工程师也是同样。尽管工资低廉不是跨国公司在印度设立研发机构的主要因素，例如 GE 公司认为，该公司在印度设立研发机构的动因不是节约成本，而是利用当地的人才，但是前者对后者仍有一定的促进作用。尤其是在软件设计行业，工资占总成本的 40% 以上，因此工资低是提高竞争力的重要因素。欧美和日本的软件编制人员的月薪约为 4000 美元，而印度通常只有其 1/8~1/5。随着软件产业的不景气，越来越多的跨国公司乐于在工资低的国家进行研发活动，以尽可能地降低经营成本。

2. 获取地方研发成果

跨国公司进行海外研发活动的一个重要动机是寻求地方创新资源。在某个领域拥有独特创新资源的区域对跨国公司研发活动有很大的吸引力。由于在近代科技文化上受英国统治者的影响较深，印度科技基础比一般发展中国家好。印度独立后，开始自主发展科学技术，并在某些高技术领域取得了令人瞩目的成就。印度的原子能、空间技术、电子技术、生物技术、新材料技术等，在发展中国家都名列前茅。

一直以来，印度政府非常重视基础研究，基础研究费用占研发费用的比重高于许多发展中国家，甚至还超过了美国等一些发达国家（见表6-5），可见印度政府对基础研究的重视。此外，印度还建立了大量基础研究机构，并不断完善基础研究设施。目前，印度中央政府所属科研机构有320个，其中240个是大型研究机构，这些研究机构中有不少具有很高的知名度，例如印度技术研究院（Indian Institute of Technology，IITs）、印度科学院、印度通讯技术研究中心等。这些实力雄厚的科研机构对跨国公司研发活动具有很强的吸引力，后者以各种形式利用这些科研院所的研究成果、研究设施和研究人员。

表6-5　部分国家基础研究的费用占研发费用总额的比重

国别(年度)	(1)研发总额	(2)其中:基础研究	(2)/(1)×100(%)
印度(1996~1997)[a]	675.6(亿卢比)	125.5(亿卢比)	18.6
中国(2002)[b]	10844(亿元人民币)	6181.1(亿元人民币)	5.7
美国(2000)[c]	265322(百万美元)	48023.3(百万美元)	18.1
日本(2000)[c]	127368(百万美元)	15666.3(百万美元)	12.3
韩国(2000)[c]	12249(百万美元)	1629.1(百万美元)	13.3

国别(年度)	(1)研发总额	(2)其中:基础研究	(2)/(1)×100(%)
俄罗斯(2000)^c	2723(百万美元)	22.8(百万美元)	16.1

资料来源：a. Depatement of Science and Technology on India, Research and Development Statistics, 1996~1997. www. vigyan. org. in/research/asci.

　　b. www. stat. gov. cn.

　　c. 国家统计局科学技术部：《中国科技统计年鉴（2002）》，中国统计出版社，2002 年。

　　另外，在印度的一些产业部门，也出现了为数众多的技术领先企业。最为突出的要数印度的软件产业。印度软件企业以数量多、质量高而闻名世界。目前，印度约有专业软件公司 1000 多家，从事与软件有关业务的公司 2000 多家。几乎所有的世界级 IT 公司都在印度设立了分公司，其中许多公司还设立了亚太总部。印度软件公司生产的软件质量很高。全球有 5000 家软件开发公司，对其评级的 CMM（Capability Maturity Model）分为 1 至 5 等，5 等为最高。早在 1991 年，位于班加罗尔的 Motorola 印度电子有限公司就达到了 SEI - CMM5 级标准，成为当时世界上达到这一标准的两家公司之一（另一家为 IBM）。截至 2010 年，全世界大约有 88 家资质为 5 等的软件研发企业，其中有 58 个在印度。生物技术产业，尤其是生物制药业也是近年来印度发展较快的产业。2010 年，印度有约 2.6 万家制药公司，产值达 240 亿美元，并且以每年超过两位数的速度增长，产量已经占全球药品生产的 1/4，产值占全球的 1/13。印度通过自主发展生物技术，依靠自己的工业和科技基础，生产适合发展中国家的药品，积极占领低购买力市场，成为全球药品市场上有力的竞争者。

　　3. 支持地方生产

　　跨国公司子公司产品的市场指向不同，在该东道国设立研发机构的可能性及设立的研发机构的性质也不同。针对区域或全球市场生产的子公司更可能被母公司分配研发职能，因此而设立的研发机构也进行较高水平的研发活动。

在印度，出口指向型产业的跨国公司设立了更多的研发机构，并且从事针对全球市场的产品开发工作。1991年，印度跨国公司子公司产品出口占印度出口总额的3%，在发展中国家中处于较低水平①。但进一步从不同产业进行分析，则可以发现跨国公司在部分产业的出口比例远远高于其在所有产业的平均水平。据调查，IT部门跨国公司产出的60%出口（表6-6），另1/4的产品销往其母公司或该跨国公司的其他子公司。这与印度作为一个服务于世界的IT中心的名声相符。在其他部门的跨国公司，销售额的60%以上来自本地市场（Bhaumik and Beena, 2003）。这解释了IT产业跨国公司在印度设立大量研发机构的原因。所以，仍可认为支持地方生产是跨国公司在印度设立研发机构的动因之一。

表6-6 在印度的跨国公司出口额占总产值的比例（%）

产　业	出口占总产值的比例
制药	15.5
IT	67.5
机械和设备	20.4
中间品	16.6
基本消费品	19.9

资料来源：Bhaumik and Beena, 2003。

---

① 这一指标在巴西1995年为18%，智利为16%，中国1991年为17%，中国台湾1994年为16%，马来西亚1995年为45%（UNCTAD, World Investment Report 2002, Table VI. 3.）。

4. 占领地方市场

庞大的国内市场是吸引跨国公司 FDI 及研发投资的重要因素。2011 年底印度人口达 12.1 亿，是世界第二人口大国。1991 年印度改革开放以后，经济发展迅速。进入 2000 年以后，印度经济开始腾飞。按现行价格计算，印度 GDP 从 2000 年的 4400 亿美元，增长到 2011 年的 1.75 万亿美元，按现行汇率计算，居世界第 11 位。同一时期，人均 GDP 从 440 美元上升到 1446 美元。规模巨大而又成长迅速的国内市场，使印度越来越吸引跨国公司的目光（参见表 6 - 7）。早在 1993 年 10 月，美国商务部的调查报告就认为，印度将成为 21 世纪的经济大国，并把它列为"世界十大新兴市场之一"，地位仅次于中国。据预测，印度有为数达 1.5 亿人的中产阶级。为了占领印度市场，越来越多的跨国公司不仅在印度建立工厂、设立市场营销机构，而且设立研发机构，从而方便接受从母国转移过来的技术，支持地方生产，并针对地方市场的需求对原有产品进行调整及进行新产品开发。例如，IBM 印度实验室的目的是帮助满足客户需求；印度的惠普实验室的基本动机就是印度本身就是一个新兴市场，接近市场可以获取第一手信息。实际上，除了 IT 产业之外，其他产业的跨国公司产品 80% 以上是在印度市场销售，而印度 IT 市场也呈现出蓬勃发展的趋势，表现出巨大的市场潜力，因而，汽车、机械、食品、化工乃至 IT 产业的跨国公司都在印度设立了不少研发机构。所以，跨国公司在印度设立研发机构也有占领地方市场的考虑。

表 6 - 7　印度 FDI 增长情况

财政年度	FDI 总额（百万美元）	FDI 存量（百万美元）	FDI 占 GDP 比重（%）
1991	75	1732	0.039
1992	252	1984	0.063

财政年度	FDI 总额（百万美元）	FDI 存量（百万美元）	FDI 占 GDP 比重（%）
1993	532	2516	0.154
1994	974	3490	0.258
1995	2151	5641	0.458
1996	2525	8166	0.675
1997	3619	10630	0.807
1998	2633	14065	0.950
1999	2168	15426	0.653
2000	3585	17517	0.527
2001	5472	20326	0.956
2002	5627	25419	1.395
2003	4323	31221	1.091
2004	5771	38183	0.781
2005	7606	44458	0.917
2006	20336	70282	1.172
2007	25127	105429	2.607
2008	34835	123288	3.053
2009	37838	159300	3.249
2010	37763	182100	2.930
2011	30380	211200	1.736

资料来源：Reserve Bank of India（2011），Annual Report 2010 - 11，Mumbai：Reserve Bank of India Secretariat of Industrial Assistance（various issues），SIA Newsletter，http：// dipp. nic. in/English/Publications/SIA_NewsLetter/SIA_NewsLetter. aspx.

三、跨国公司印度研发机构与本土互动情况

由于跨国公司在印度设立研发机构的主要动因是利用当地优质廉价的技术人才资源以及获取地方研发成果，因此，跨国公司研发机构与地方创新主体之间的互动是较为频繁的（参见表6－8）。

表 6 - 8　跨国公司研发机构与印度本土机构之间的联系

跨国公司研发机构与印度本土机构之间的联系	联系的方式
杜邦 - 印度信诚工业公司	成立新中心 成立合作联盟，帮助杜邦公司进入印度市场。由杜邦设立知识中心，共同从事在印度工厂的制程和产品技术创新
杜邦 - 印度科学和工业理事会（CSIR）	杜邦成立知识中心 签署研究协议，杜邦参与 CSIR 的研究团队
艾默生 - 塔塔 Liebert	合资 艾默生参股 Tata 形成新公司
爱立信 - 维布络（WIPRO）	维布络接管 R&D 维布络接收爱立信的研发机构。爱立信的所有 R&D 外包，而维布络获得爱立信研发机构的专家、资产等资源。维布络为爱立信提供研发咨询服务
爱立信 - 印度塔塔咨询服务公司（简称 TCS，下同）	成立新的开发中心 签署电信服务协议
GE - TCS	成立新的研究团队 满足 GE 全球运营的需要，并提高 TCS 的能力
GE - 印度 Satyam 计算机服务公司	为 GE 的全球活动成立新团队 合资
惠普 - 金奈 IIT	新团队 协助惠普进行全球产品的研究
惠普 - 班加罗尔 IISc	联合研究 从事新产品开发
Synopsys-View Logic System 公司	Synopsys 公司成立新中心 合作为 Synopsys 公司工作
Diebold - 塔塔信息技术	合同协议 制造和营销 Diebold 的产品

跨国公司研发机构与印度本土机构之间的联系	联系的方式
GE International – TCS	成立新团队 服务于 GE 的全球运营，该团队可以同时服务于两个公司的客户
朗讯 – Finolex	建设新工厂 Finolex 从朗讯获得技术
丰田 – 印度化学技术研究所（IICT）	成立新实验室 采用合同的形式为 IICT 做研究
卡特彼勒 – 印度理工学院（IIT）金奈分院	成立卓越中心 培训高速公路设计工程师
思科 – 印度信息技术学院（NITT）和印度硬件技术学院（IIHT）	培训伙伴 为思科的全球运营需要提供经过良好培训的人力资源
思科 – Wipro, Infosys, Satyam, HCL, Zensar	联合开发中心 从事产品开发

资料来源：Mrinalini, N and Wakdikar, S (2008)："Foreign R&D centres in India: Is there any positive impact?", Current Science, Vol94, NO 4, pp. 452 –458.

　　跨国公司研发机构与地方互动的一个主要途径是人员雇佣和流动。跨国公司研发机构在印度雇佣了大量的科学家和工程师，并且其雇佣规模在不断扩大。例如，位于班加罗尔的 SAP 实验室从印度信息技术研究院（Indian Institute of Information Technology, Bangalore, IITs）雇用了大量人才。法国的电信巨头阿尔卡特公司的印度子公司，研发人员数由 2002 年的 600 人增加到 2005 年的 1200 人。荷兰电子巨头菲利浦设在班加罗尔的菲利浦创新大学，员工人数多达 2600 人。根据印度全国软件和服务公司联合会的数据，从 2005 年到 2008 年，跨国公司研发中心在班加罗尔雇用的工程师数量从 2.5

万人增加到 6.5 万人。软件业是人员流动较为迅速的产业，跨国公司研发机构的研发人员与地方研发人员的交流，以及研发人员在跨国公司研发机构与地方研发机构之间的流动，大大加强了知识在二者之间的流动，提高了本土研发人员的国际化程度。

跨国公司研发机构与地方大学和科研机构建立了多种形式的合作关系，包括合作研发、资助有关院校、为学生提供实验场所等。例如，IBM 在班加罗尔设立的卓越中心（centre of excellence）与印度技术研究院建立了良好的合作关系，进行项目的合作开发。国际商业机器（IBM）、甲骨文集团、SGI 与微软都在印度的有关院校投了巨资。飞利浦创新园区设立了研发实验室，供印度的大学生前来实习。

跨国公司研发机构与本土互动的另一个重要方式是研发外包。印度目前正在成为世界理想的研发外包目的地之一。以美国为例，印度已经成为为该国提供研发服务最多的国家，2011 年，美国从印度进口的研发服务占其总进口量的 9%（参见图 6-3）。生物医药外包是近年来跨国公司研发机构与本土合作的主要领域。为了追求低成本，各大制药公司正通过外包方式将临床研究委托给其他公司或组织完成。2004 年，全球的合同研究和临床试验的市场达 200 亿美元。不少跨国公司研发机构将药物研发外包给印度的药物研发机构，将其纳入全球药物研发网络。就全球而言，生物医药元件市场达 3 亿~5 亿美元，生物制药企业每年的研发投入也达到 500 亿美元，印度的人才和资源优势，使其成为世界制药业药物研发流程中的一个重要环节和制药业跨国公司研发的外包目的地[1]。

---

[1]　张义明：《2004 年印度科技发展综述》，《全球科技经济瞭望》，2005 年第 3 期。

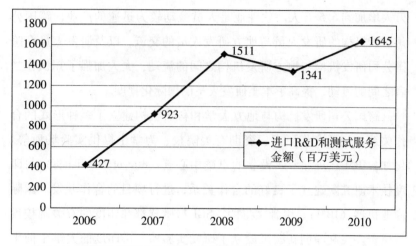

图6－3　美国从印度进口 R&D 和测试服务的金额，2006 年～2010 年

资料来源：National Science Board（2012），Bureau of Economic Analysis，Detailed Statistics for Cross Border Trade，Business，Professional and Technical Services，Table 7a，http：//www. bea. gov/International/International_services. htm#summaryandother.

四、印度促进跨国公司研发机构与本土
互动及技术扩散的政策措施

1. 吸引跨国公司设立研发机构，并鼓励其与印度联合开发研究

2002 年，印度计划委员会在推出其《十五计划》的同时，发表了《印度 2020 年展望》报告。这份报告阐述了印度发展知识经济的基本构想，其核心内容就是要利用经济全球化和发达国家人力资源短缺所带来的机遇，使印度的未来发展从资本驱动型转向知识驱动型，发展面向全球的服务型知识经济。在这个计划中，明确提出了创立世界级的研发中心；利用人力资源优势、投资自由化和优惠的税收政策，吸引跨国公司来印度进行研发投资；鼓励外国公司

在印度建立研发中心或与印度联合开发研究，鼓励海外印度专业人员和企业家参与合作；以及其他政策措施。印度政府对跨国公司设立研发机构实行税收优惠，规定经有关当局批准，2003 年 3 月 31 日前从事科技和工业研究开发活动的企业，减免 100% 利润和收益税十年。

2. 加大对知识密集型行业和企业的公共和私人投资，进行科研机构改革，提高本土的研发水平，增强本土与跨国公司研发机构互动的能力

（1）增加研发投入，扶持大学和其他科研院所的科学研究活动。2003 年印度政府出台的《新科技政策》以政策文件的形式确定政府科技投入要达到国民生产总值 2% 的目标。政府承诺对高等教育和科技增加必要的预算，通过政府投入、工业投入等渠道增加投入，到"十五"计划的末期，将科技投入提高到占 GDP 的 2%。

（2）加强研发基础设施建设。政府应采取措施实现现有科研院所的科学和工程设备现代化，并确保在所有的中学、大学、职业教育学校和其他类型的学院有适当规模的科学实验室。重点支持科研院所、大学和学院的科学、工程和医学部门，以提高教育和研究水平。

（3）改革科研体制，加强科研机构、大学和产业的合作，促进科研成果的产业化。印度研究与开发经费支出主要来源于中央政府和邦政府的财政预算拨款，其中绝大部分经费来自中央政府。为了改变科学研究与应用脱节的状况，印度政府采取了多种政策措施。例如，在科研机构内建立企业化发展中心，为培植科技型企业及科研机构的科技成果产业化服务。这种发展中心与科研机构实行财务独立。国家科技企业发展委员会最多提供 5 年的运转经费（包括人

员工资、差旅费和行政管理经费等）。目前已在全国 30 多个科研机构中建立了这样的企业化发展中心。2002 年出台的《印度 2020 年展望》报告，进一步提出加强应用型的研发项目以实现技术创新；加快科技成果转变为生产力，加强科研机构、大学与商业公司的合作；加大对基础科学、特别是大学从事研究的支持力度；建立科技企业家园，解决技术开发与技术应用脱节问题的政策方向。2003 年出台的《新科技政策》对这些政策方向进行了细化，提出了若干具体措施，包括：第一，鼓励经济和社会相关领域的研究和创新，特别是促进与科技相关的私营和国有科研院所的紧密结合和有效互动；第二，探索如何建立更加有效的资助机制，如建立新的体制，或者是加强或重建现有的体制，特别是政府将简化行政和财政程序，鼓励全国范围不同研究所之间开展有效的研究合作；第三，鼓励科学家和技术专家在工业、科研院所和研究实验室之间的相互流动；第四，加强与技术发展、评估、吸收和更新相关的实施机制，促进工业化；第五，采取灵活的机制，继续鼓励科学家和技术专家将成果工业化，他们可以作为合作伙伴获得经济回报。企业可以通过以下方式促进科技成果工业化：收购或者支持教育和研究机构；赞助相关研究；资助设立教授职位等。

3. 建立科技园区，吸引跨国公司研发机构在园区的集聚，为知识在跨国公司研发机构与地方创新主体之间流动创造条件

建立科技园区是印度促进技术产业化和科技型企业发展的重要措施。印度政府规定，"为促进科研机构、学术机构和大学与产业界的联合，促进科技创新和科技型中小企业的发展，科技部、邦政府、金融机构和依托单位共同建立科技企业园"。从全国水平来看，印度的基础设施条件非常差，很难满足跨国公司海外研发机构需要的条

件。为了发展软件业，1991 年印度政府电子部出台了"软件技术园区计划"（Software Technology Park of India，STPI），为印度软件出口提供基础设施和行政管理支持。技术园区布局在经济发展水平和科技水平较高的城市，接近科技实力雄厚的科研院所和享有较高声誉的院校。在软件技术园内，提供高速卫星连接，并由电子部提供核心电脑设备、可靠的电力供应、现成的办公场所和包括 64Kpbs 数据线和因特网通道在内的通信设备。此外，还对园区内的企业提供各种税费优惠。印度的投资政策规定，位于电子硬件技术园和电子软件技术园的新工业企业以及 100% 出口型工业企业，到 2009～2010 财政年度的 10 年里 100% 免除出口利润税。在经济特区成立的单位，前五年减免 100% 出口所得税，随后两年，甚至到 2009～2010 财年以后，减免 50% 出口所得税。

技术园区成为跨国公司研发机构活动的基地及其与本土互动的主要场所。从 1991 年在班加罗尔建立第一个国家级软件技术园开始，目前印度共有基础设施完善的软件技术园区 22 个。以班加罗尔软件技术园区为例。截至 2010 年，园区共有高科技企业 5000 多家，其中 1000 多家由外资参与经营。园内的基础设施条件也促进了跨国公司在园区内的研发投资。在软件园区建立之前，印度仅有德州仪器公司等寥寥数家跨国公司研发机构，软件园建立之后，跨国公司在软件园内设立的研发机构迅速增加，1997 年到 2002 年间，仅班加罗尔软件技术园区就设立了 44 家跨国公司研发机构。2003 年印度信息技术产业政策表明，印度政府将"继续发挥软件园区在人力资源、通讯和基础设施上的优势，吸引跨国公司外包业务进入园区"。跨国公司研发机构和本土创新主体的空间接近，为知识在它们之间的流动创造了便利条件。

4. 开展人力资源培训，有针对性地增加专业技术人才的供给，提高研发人员的国际化水平，使研发人员成为跨国公司研发机构与本土互动的重要载体

数量庞大的高素质科技人才已经成为印度吸引跨国公司研发机构的主要优势，这与印度政府重视教育的传统是密不可分的。以计算机人才为例，从20世纪50年代起，印度就在全国兴建了多家信息技术学院：全国性的有6家，地区性的有25家。目前，全印度的信息技术学院一年可以为国家培养17万名本科生和5万名研究生。除专门院校外，印度在400多所大专院校开设了计算机专业，在大约3000所中学推出了"中学计算机扫盲和学习计划"，同时依靠多家民办和私营机构以及软件企业培训人才。印度软件业能有今天的辉煌，靠的正是长远的眼光和丰富的人才储备。

进入21世纪，印度政府更加注重科技人才的教育，并更加强调人才培养的针对性和国际性。印度计划委员会在《印度2020年展望》报告中，提出要加大对技术教育和职业教育的投资，创立更多的世界级的大学；增加学生的数量并提高质量；建立教育投资公司；使课程设置更能适应人才的市场需求；加强学生对英语和其他语种的学习。这些科技人才为跨国公司在印度设立研发机构提供了必要的人力资源，而这些人员之间的交流以及他们在不同机构之间的流动就成为知识流动的重要载体。

5. 加强知识产权保护，为跨国公司研发机构与本土互动建立良好的制度环境

长期以来，印度的知识产权保护状况都非常差。Lee and Mansfield（1996）于1991年对100家美国跨国公司进行的调查显示，美国跨国公司认为印度的"知识产权保护"很差，约44%的跨国公司

认为印度的知识产权保护差到不能将自己的最新最有效的技术向印度子公司或合资公司转移、或者向印度公司转让的地步。在化学和制药业，持这种观点的跨国公司更是高达 80%。两位研究者发现，在贸易开放度等其他条件相同的情况下，FDI 流量与知识产权保护程度存在相关性。此外，在知识产权保护差的国家，绝大多数美国公司的直接投资仅限于产品销售和生产低技术含量的产品。

1970 年代，由于印度政府禁止跨国公司独资和控股，取消了产品专利保护，并鼓励引进国外先进技术的企业将技术向其他印度企业无偿转移，一些跨国公司甚至选择退出印度市场。直到 1991 年印度实行自由化政策，在绝大部分产业取消了对跨国公司的股权限制，跨国公司在印度的投资，包括研发投资才不断增加。但是，由于知识产权保护乏力，尽管印度在一些领域具有较高的技术水平，拥有高素质的科研人才，但大部分跨国公司在印度的研发活动仍以开发为主，具有先进技术转移功能和研究指向的研发机构相当少，即使是在 IT 产业也没有明显向价值链高端移动（Bhaumik and Beena，2003）。这印证了"知识产权保护状况不仅影响跨国公司研发投资额，而且影响其研发活动的性质"的观点（Kumar，1995）。

近年来，印度开始重视知识产权保护。这一政策导向为吸引跨国公司研发机构进入印度提供了更好的环境，同时，也大大提高了本土企业从事研发活动的积极性，从而为二者之间互动创造了条件。1994 年，印度政府对《著作权法》进行了重新修订，第一次对著作权作了明确的阐明，并对软件盗版的行为和处罚作了详细的说明，采取一系列措施加强著作权法的执行力度，使盗版现象明显下降，从而吸引了跨国公司前来进行尖端领域研发的投资。近期，印度《专利法》的修改也对制药业产生了重要的影响。印度 1970 年颁布的《专利法》，对食品、药品、农用化学品等只授予方法专利，不授予产品专利。这种既保护又控制的举措，对印度制药业的长足发展起到了巨大的推动作用。2005年3月，印度国会通过了第三次修改后的《专利法》，禁止印度国内制药厂商在未经许可的情况下仿造跨国公司的专利药品。这一法规激发出印度制药业自主研发专利药品的空前热情，大大小小的研发中心如雨后春笋般遍布各邦。一些国际观察家认为，同高科技产业一样，印度在制药领域也有充足的人才储备，随着印度厂商申报的专利药品越来越多，这个南亚国家将成为名副其实的"世界药厂"，并成为制药业跨国公司研发外包的重要目的地。

专栏6-1　专利收紧　印度制药业主动求变

据美国《商业周刊》报道，印度最大的制药商之一尼古拉斯·皮拉玛尔斥资2000万美元，在孟买郊区建成了一个新的研发中心，公司很快就将取得5~8项新药专利，并计划在2008年前进行临床实验。

其他印度本土制药商的研发中心也相应扩大了规模。年收入达12亿美元的兰巴克西公司和年收入超过4.5亿美元的莱德公司不仅积极研发专利药品，而且大举招募受过良好教育但薪水低廉的科研人员。

目前，印度国内已经建成的药品研发中心超过50家，但这个数字很可能在今后两年当中增加一倍。此外，印度制药公司用于研发专利药物的平均投入也由5年前收入的4%上升为如今的8%。

如雨后春笋般出现的研发中心为印度带来了大量专利。根据印度科技部的统计数字，到2004年3月为止的一个财政年度中，印度制药公司申请的药品专利达到了 855 项，而 10 年前这一数字几乎是零。

分析人士指出，除新专利法案的刺激之外，人力资本和研发成本两大优势也是印度公司积极开发新药的两大动力。同高科技产业一样，印度医药领域同样拥有充足的人才储备，很多年轻的科学家不仅受过良好的高等教育，而且工资水平只是西方国家的1/3。另外，在印度从零起步研发一种新药的成本大约是 1 亿美元，但在发达国家这一数字至少是 10 亿美元。

一些印度国内制药公司正逐渐成为辉瑞、葛兰素史克等顶级国际制药集团的竞争对象。斯瓦蒂·皮拉玛尔博士说，在全球药品市场中，印度制药商渴望获得与发达国家同行一样的"话语权"。位于伦敦的全球洞察力公司预测，到2007 年，印度制药商将获得全球药品市场份额的33%。

资料来源：王龙云：《专利收紧 印度制药业主动求变》，《经济参考报》，2005 年 4 月23 日。

第 七 章

跨国公司研发机构与本土互动的模式
及可借鉴的政策经验

一、跨国公司研发机构与本土互动的模式

通过前面的分析可以发现，跨国公司在台湾、新加坡和印度设立研发机构的动因不同，这些研发机构在跨国公司研发体系中的地位和作用也不同，其与地方创新主体发生相互作用的主要方式以及知识的主要流向也有差异，由此而形成了跨国公司研发机构与本土互动的三种模式。

1. 互补模式——台湾

跨国公司在台湾设立研发机构主要是为了接近地方产业网络，获取本土供应商和生产商的知识，跨国公司离岸研发机构与本土创新主体之间是分工互补关系，分别侧重于生产链的不同环节，知识在由跨国公司研发机构和地方创新主体构成的环节中平行流动（示意图见图7-1a）。

影响这种模式形成的瓶颈是地方产业集群的成熟程度及其不断升级的活力。成熟的产业集群能够创造活跃的创新氛围，提供充足的相关人才供应，上下游环节衔接顺畅快捷，配套服务完善高效，

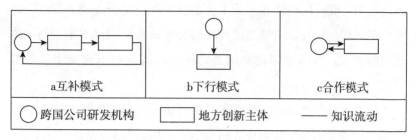

图7-1 跨国公司研发机构与本土互动模式示意图

所有这些都是吸引跨国公司研发机构楔入地方创新体系并乐于同本土互动的条件。

就地方当局而言，其针对跨国公司研发机构的政策重点是吸引能够对本土形成完整的生产链有补充作用的跨国公司研发机构，加强对生产链不同环节的整合，以此来促进本土向价值链的高端移动。

2. 下行模式——新加坡

跨国公司在新加坡设立研发机构的主要动机是接近地方生产，接近地区总部，以及利用新加坡良好的基础设施条件和政策环境。从整体水平看，新加坡的科技水平在发展中国家并不具有明显优势。新加坡以外资为主导的经济结构，在政府目标明确的强有力的政策推动下，表现出强烈的向制造业高端和向服务业转型的取向。跨国公司研发机构作为世界高新技术水平的代表，扮演着提升新加坡的研发水平的角色。因此，跨国公司离岸研发机构与本土创新主体在研发水平上处于不同的层面，前者高于后者，知识在二者之间的流动是从前者流向后者，是一种自上而下的流动（示意图见图7-1b）。

这种模式的瓶颈在于本土创新主体，主要是企业的技术水平和研发能力。政府的作用在于为本土创新主体提高研发能力营造良好的政策环境，以及采取措施架起跨国公司研发机构同本土创新主体之间的桥梁，并承担帮助跨国公司研发机构的技术向本土扩散的作用。

地方政府的政策重点是首先吸引跨国公司以支持地方生产为主要职能的研发机构，带动地方研发水平升级；与此同时，集中力量提高信息产业和生物医药产业的科技水平，在这些新兴产业吸引较高层次的跨国公司研发机构，迅速提高地方在这些产业的研发水平和生产能力，从而建构自己作为区域创新中心的地位。

3. 合作模式——印度

跨国公司在印度的研发投资主要是为了利用地方高素质、低成本的劳动力资源，以及通过近距离接触获取地方科技成果。而印度则迫切需要利用跨国公司离岸研发机构将本土的人力资源转化为经济效益，并从与它们的合作中获取国际化知识和研发管理知识。跨国公司研发机构与地方创新主体之间是一种互相合作的关系，知识在二者之间的流动是双向的（示意图见图 7 - 1c）。

影响这种模式形成的主要瓶颈在于：本土在某个领域是否具有较高的、同时也是独有的研发优势，这种优势在多大程度上可以被跨国公司研发机构利用，以及其市场前景如何。雄厚的基础研究力量的存在是形成这种模式的必要基础。基础研究是政府需要发挥作用的领域，明确区域产业发展方向，加大基础研究投入，是形成和加强区域基础研究力量的有效途径。

地方政府的政策重点是继续发挥人力资源优势，促进相关产业发展；同时，通过本土研发机构与跨国公司研发机构的合作，进入跨国公司全球创新网络，提高本土创新网络的国际化水平。

二、促进跨国公司研发机构与本土
互动及技术扩散的政策涵义

1. 将跨国公司离岸研发机构作为引入地方创新体系的负熵流，促使地方创新体系升级

对于地方创新体系而言，跨国公司研发投资无疑可以被视为可以引入系统的负熵流，通过负熵流的引入来实现系统的升级。近年来，无论是中国台湾、新加坡还是印度，都明确提出吸引跨国公司研发机构，并将其作为将本国（地区）建设成为世界或区域创新（研发）中心的重要内容。例如，台湾提出建设"国际创新研发基地"，其中"鼓励跨国企业来台设立研发中心"是重要举措之一，但其最终目标是"藉由推动跨国企业与台湾厂商进行合作，并在岛内形成长期区域研发中心以支援跨国生产活动，进而提升台湾在全球化之研发布局地位及推动台湾产业研发深层化与前瞻化"①。

2. 以扩大和利用跨国公司离岸研发机构的技术扩散效应为着力点，构建政策体系，促使跨国公司研发机构溢出效应最大化

吸引跨国公司研发机构是途径，不是目的。三个国家和地区在吸引跨国公司研发机构的过程中，在不同程度上形成了一个政策体系，强调了地方创新主体与跨国公司研发机构的互动，并希望藉此实现促进跨国公司研发机构技术扩散、带动地方创新体系升级的目的。一般来讲，包括吸引跨国公司研发机构在内的政策体系，还应同时包括提高地方创新主体研发水平、构建和疏通跨国公司研发机构与地方创新主体之间知识流动渠道、加强科研院所的产业化指向、

---

① 台湾"行政院"：《挑战 2008：台湾发展重点计划（2002~2007）》，2002 年 5 月 31 日核定，2003 年 1 月 6 日修订。

强化创新研发机制、提高人力资源素质和国际化水平等政策（示意图见图 7-2）。

图 7-2　促进跨国公司研发机构与地方互动及技术扩散的政策体系

3. 采取税费优惠和资金资助降低跨国公司的运营成本和风险，补偿跨国公司离岸研发投资的溢出效应，着力吸引跨国公司研发机构

税费减免、提供资金资助是鼓励企业开展研发活动的有效手段。为了吸引跨国公司研发机构，三个国家和地区都实行了税费减免等优惠政策，新加坡和中国台湾还设立了专项基金，对符合条件的跨国公司研发机构提供资金奖励。事实表明，这些措施是行之有效的。另外，通过产业政策与资助政策的结合，可以将有限的资源集中在优先发展的产业领域，起到重点领域重点发展的作用。例如，新加

坡专门设立了生物制药研发基金，用于资助符合条件的生物制药业跨国公司到新加坡设立研发机构。

4. 提高本土研发水平，为加强互动、促进扩散提供必要条件

这包括两层涵义：其一，进行科研院所改革，强调科研院所的产业化指向；其二，帮助本土企业增加研发投入，提高获取知识的能力。发展中国家地方创新体系普遍存在的问题主要有两个：一是没有确立企业的研发主体地位，企业实力不足，研发力量薄弱；二是科研院所由于体制和机制不合理，导致科研与应用分离，科研成果不能有效地转化为生产。影响地方创新主体与跨国公司研发机构互动及吸收后者技术扩散的因素也主要是前者的研发能力差、研发水平低。因此，政府在吸引跨国公司研发机构的同时，必须重视加强地方创新主体的研发能力。以新加坡为例。新加坡的科技水平不高，中小企业占企业总数的90%，研发能力薄弱。因此，新加坡出台的研发资助计划都是同时针对跨国公司和国内企业的，并且通过科研院所改革，使其为产业服务的指向更加明显。新加坡的这些政策措施在尽快促进地方创新体系建设，以及使地方创新体系具备与跨国公司研发机构互动的能力方面发挥了重要作用。

5. 发展研发服务业，为加强互动、促进扩散提供有效媒介

研发服务业主要是提供部分或全部研发相关活动为主的服务业。例如，提供知识产权转移、技术授权、检测验证、技术预测及市场信息等服务，是科技成果转化的中间媒介。灵活高效的研发服务机构在加快跨国公司研发机构与本土创新主体之间的知识流动、促进技术扩散方面发挥着不容忽视的作用。新加坡政府、企业和社会各界都十分重视专业化中介服务体系建设，已经具备了严谨、规范和敬业程度极高的服务水准。为了进一步加强研发服务业的发展，新

加坡政府拨出专款用于资助孵化器的起步运行。截至 2002 年，新加坡拥有 55 所孵化器（其中不少是外国的）；150 家风险公司（管理着 160 亿美元的基金），其中 40% 来自欧美，35% 来自亚太地区。这些研发服务业的发展为中小型科技企业技术研发、产业化、融资和市场开发搭建了一个服务平台，使跨国公司研发机构、本土企业和研发机构都能够通过这一国际平台进行信息交换，实现资源共享。

6. 建设产业聚集区，促进产业集聚，为知识流动提供基底条件

产业和不同生产环节在一定地理空间的集聚有利于知识的流动。在园区内，可以提供更优厚的税费优惠条件、更完善的基础设施、更高效率的管理和服务，从而有利于满足跨国公司研发机构的要求；同时，跨国公司研发机构、相关企业、本土科研院所及中介服务机构在园区的集中分布，使知识流动更加便利。实际上，规划、建设配合不同产业发展的聚集区与工业园，使其成为吸引跨国公司研发机构、本土研发机构和相关企业的空间载体，已成为台湾、新加坡和印度等国家和地区普遍采用的政策措施。例如，新加坡较早设立了新加坡科学园，作为本地企业和跨国公司研发中心的聚集区，新加坡国立大学和新加坡理工学院在内的国际科学中心，及一些国际著名的科研机构都位于区内。此外，新加坡还建设了农业生物园区、裕廊岛化工园区等产业聚集区。台湾在"挑战 2008 计划"中，提出开发建设新竹生物医学园区、IC 设计园区、环保科技园区等 8 个产业园区。印度的软件技术园区已经成为跨国公司研发机构的集聚地。

7. 加强高素质、国际化人才的培养和储备，为加强互动和促进扩散提供能动载体

人才是研发活动的关键要素。数量充足的高素质、国际化人才

是吸引跨国公司研发机构的重要条件，也是地方创新体系获得跨国公司研发机构技术扩散的具有能动性的载体。人才的提供，一是加强现有技术人员的培训，使其更加适合研发活动的需要；二是引进海外高技术人员，尽快弥补高级研发人员数量的不足，同时有助于提高研发人员构成的国际化程度；三是通过高等院校、职业学校等教育培训机构，加快研发人员的培养，并通过学科结构调整，使培养的学生更加符合产业发展的需要；四是建立灵活的用人机制，方便研发人员在不同企业和研究机构之间的流动。

8. 加强知识产权保护和基础设施建设，为加强互动和促进扩散提供良好环境

完善的知识产权保护体系有利于吸引高层次的跨国公司研发机构，有利于激发地方企业和研究院所从事研发活动的热情，还有利于研发服务业的发展。加强知识产权保护，一是要修改完善知识产权法律法规；二是要提高执法能力，加强执法力度；三是要加强知识产权知识宣传，营造重视知识产权保护的社会氛围。在加强知识产权保护方面，三个经济体都给予了高度重视。例如，从 2002 年到 2003 年，台湾完成了包括专利、商标、著作权在内的知识产权法律制度的重建，不仅在体例结构上，而且在内容上都作出了重大变革，其修订的力度和幅度都是前所未有的①。通过这次重大变革，基本实现了和国际知识产权法律制度的接轨，从而更加适应台湾经济、科技发展的要求，也使台湾对跨国公司研发机构的吸引力进一步加大。

良好的基础设施条件也是开展研发活动所必需的条件。新加坡不断提高和完善其信息基础设施条件，大大增加了其对跨国公司研

---

①　杨德明：《台湾地区知识产权法制最新变化评析》，《亚太经济》，2005 年第 2期。

发机构的吸引力。印度利用科技园区建设，在园区内部尽可能地提高基础设施水平，避免基础设施条件过差成为吸引跨国公司研发机构的障碍。基础设施条件的改善同时为本土企业和科研院所开展研发活动提供了便利。

9. 建立有效的互动机制，为促进扩散提供内在动力

产学研的有机合作是促进技术扩散的最有效途径。政府应设计科学的制度安排，并通过政策措施将其落实于创新主体的运行过程当中。目前较为成功的做法有：（1）鼓励跨国公司研发机构与本土创新主体开展联合研究；（2）鼓励跨国公司研发机构为本土提供人员培训，包括技术人员培训、生产工人培训、开放实验室供学生实习等；（3）鼓励科研院所为跨国公司研发机构和本土企业提供服务；（4）鼓励跨国公司研发机构的研发人员担任相关院校教师等；（5）鼓励跨国公司研发机构研发和管理人员参加行业协会，参加学术研讨会、论坛、沙龙、展览等活动。在实现手段上，可以采取根据跨国公司研发机构与本土互动情况提供不同的资助金额、设立专项资金资助多方合作项目以及改革科研人员的收入分配制度等方式。

第 八 章

跨国公司在沪研发机构与本土互动：
现状、问题与模式

一、跨国公司在沪研发机构现状特点

1. 投资特点

（1）发展速度不断加快，机构重要性不断提高

截至 2007 年 6 月底，在上海的各类外资研发机构达到 296 家。这些外资研发机构中，成立时间最早的是 1980 年成立的上海国际数字电话设备有限公司，其次是 1983 年成立的上海耀华皮尔金顿玻璃股份有限公司和上海贝尔有限公司。1990 年以前成立的有 4 家，1991 年 ~ 1995 年之间成立的有 21 家，1996 年 ~ 2000 年之间成立的有 16 家，其余都是 2001 年及之后成立的，其中 2001 年 20 家、2002 年 28 家、2003 年 25 家、2004 年 40 家、2005 年 50 多家（如图 8 – 1）。可见，外商在上海设立研发机构的步伐在加快。

大型跨国公司，尤其是世界 500 强企业，是上海外资研发投资的最大主体。在上述 296 家外资研发机构中，属于世界 500 强投资的研发机构有 116 家，约为总数的 40%。在这些跨国公司研发机构中，有不少属于全球性和区域性的研发中心，而且这类研发中心的

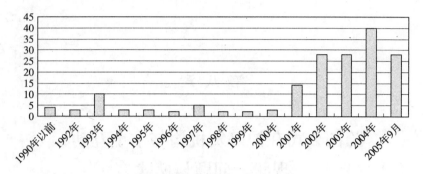

图 8 - 1   上海外资研发中心的发展历程

数量还在不断增加（表 8 - 1）。截至 2007 年底，跨国公司在沪设立的研发机构中，作为跨国公司全球或区域级研发中心的有 40 多家，很多跨国公司还把亚太研发中心从新加坡、日本等国迁到上海。近年来，一些跨国公司还把早期建立的研发机构经过合并重组或者追加投资来提升等级和功能。例如，SAP 中国研发中心被升级为 SAP 中国研究院；联合利华把以前的实验室升级为全球性研发中心；索尼在软件开发工程中心的基础上成立了上海技术中心，同时还设立了索尼中国设计工程集团。

表 8 - 1   跨国公司在上海建立的全球性和区域性研发中心（截至 2007 年年底）

研发机构名称	在公司全球研发网络中的地位	成立时间
联合技术研究中心（中国）有限公司	海外唯一的研发中心	1997
IBM 中国开发中心（CDL）上海分部	全球五大研发中心之一	1999
飞利浦亚洲研究院	全球三大研发中心之一	2000
联合利华上海研发中心	全球六大研发中心之一	2001
罗克韦尔自动化研究（上海）有限公司	全球四大研发中心之一	2002
GE 中国研发中心	全球四大研发中心之一	2002
戴尔上海研发中心	海外第一家研发中心	2003

续　表

研发机构名称	在公司全球研发网络中的地位	成立时间
SAP中国研究院	全球四大研发中心之一	2002
安讯中国研发中心	海外第一大研发中心	2003
杜邦（中国）研究开发有限公司	海外第三大研发中心	2003
德尔福（中国）科技研发中心有限公司	全球第五大研发中心之一	2003
罗氏研发（中国）有限公司	全球五大研发中心之一	2004
罗地亚上海研究与开发中心	全球五大研发中心之一	2004
德固赛上海研发中心	亚太研发中心	2004
夏普电子（上海）有限公司家用电器研发中心	全球四大研发中心之一	2004
夏普（中国）研发中心	全球四大研发中心之一	2004
霍尼韦尔中国研发中心	全球四大研发中心之一	2004
新思科技（Synopsys）上海研发中心	全球第二大研发中心	2004
安利上海研发中心	海外第一大研发中心	2004
施耐德电气中国研发中心	全球五大研发中心之一	2005
罗密哈斯中国研发中心	海外第一大研发中心	2005
雅思兰黛集团中国创新研发中心	全球七大研发中心之一	2005
伟世通中国技术中心	全球第四个研发中心	2005
汽巴精化中国研发中心	全球六大研发中心之一	2005
思科系统（中国）研发有限公司	海外最大研发中心	2005
辉瑞（中国）研究开发有限公司	亚太研发中心	2005
英特尔亚太研发有限公司	亚太研发中心	2005
花旗银行亚太区研发中心	亚太研发中心	2005
微软服务器与开发工具事业部（中国）	全球产品开发中心	2005
AMD上海研发中心	海外第一大研发中心	2006
3M中国研发中心	全球四大研发中心之一	2006
惠普全球软件服务中心（中国）	全球第二大软件服务中心	2006
强生全球创新中心	亚太第一家研发中心	2006

研发机构名称	在公司全球研发网络中的地位	成立时间
开利中国开发中心	全球第十八个研发中心	2006
诺华（中国）生物医学研究有限公司	全球八大研发中心之一	2006
甲骨文亚洲开发中心	亚太研发中心	2007
葛兰素史克中国研发中心	全球三大研发中心之一	2007
可口可乐上海研发中心	全球六大研发中心之一	2007
阿斯利康中国创新中心	全球第四大研发中心	2007
福斯亚太研发中心	亚太研发中心	2007

（2）设立方式有多种形式，但独资化倾向不断加强

外商在上海的研发投资主要有四种方式：①建立独立的研发机构。这是外商在上海研发投资的最普遍形式。②与我国的大型企业特别是大型国有企业合作建立研发机构。③在生产性子公司、具体业务部门或合资企业内部设立特定的研发部门，以从事特定生产技术的研发工作。④与我国的高等院校和科研机构合作建立研发机构。

从总体看，跨国公司在上海设立的研发机构，除合资企业中的非独立研发机构外，大多采取独资形式，尤其是大型跨国公司基本上都倾向于采取独资形式设立研发机构。例如，截至 2007 年 6 月在上海市外经贸委注册登记的 215 家跨国公司研发机构中，独资的 185家，占 86%；中外合资、合作的 31 家，占 15%；其中的 18 家属于企业内设的非独立研发机构，且大多由外方控股。而且，从时间上看，跨国公司在上海设立研发机构的独资化倾向有不断加强的趋势。1997 年前落户上海的跨国公司研发机构中，独资的仅占 16%，84%都是非独资的。而 1997 年~2003 年设立的跨国公司研发机构独资所占的比例上升到 63%，特别是在 2003 年以后新设立的跨国公司研发机构中独资所占的比例已上升到 76%，独资化倾向十分明显。

跨国公司在沪成立的合资研发中心不仅数量少，而且大部分研发实力较为薄弱。例如，上海的 13 家具有独立法人地位的合资研发机构中，只有上海泛亚汽车技术中心达到一定规模，是我国唯一一家规模较大的中外合资研发机构。另一家属于世界 500 强企业设立的合资研发中心——上海新代车辆技术有限公司，是由中国科学院上海微系统与信息技术研究所与德国戴姆勒 - 克莱斯勒公司共同投资建立的一家规模较小的公司，主要从事汽车电子、电子封闭技术、铁路技术、材料研究领域的新技术开发、研究，并提供产品测试、质量控制和技术咨询。另外 11 家合资研发机构的规模也很小，而且几乎都是 2005 年之前设立的。

（3）投资规模差异较大，研发人员和资金投入扩张迅速

外商在上海设立的研发机构在规模上有较大差异。

首先，从外资研发机构的投资总额及其注册资本看，全市 113 家具有独立法人地位的外资研发机构，投资额从 50 万美元至 1.2 亿美元不等，注册资本从 50 万美元至 7200 万美元不等。投资额和注册资本都在 1000 万美元以上的有 20 家，其中，世界 500 强企业占 60%。外资研发机构的研发投入规模也差异很大。以 2006 年的研发投入为例，超过 10 亿元的有 2 家机构，占被调查的 156 家机构的 1.3%；1 亿~10亿元的 10 家，占 6.4%；1000 万~1 亿元的 62 家，占 40%；100 万~1000 万元的 42 家，占 27%；不足 100 万元的 40 家，占 25.6%。

其次，从从业人员人数来看，部分跨国公司研发机构研发人员高达上千人，如上海的泛亚汽车技术中心目前有 1240 名研发人员，GE 中国技术中心有超过 1800 人，但多数机构的研发人员不足 100人，有些甚至只有寥寥几人，如旭华生物技术研发中心和欧姆龙上海协创中心只有 3~4 人。据上海市有关部门对 156 家跨国公司研发

机构的调查，研发人员在 1000 人以上的有 4 家，占被调查机构的 2.6%；500~1000 人的有 5 家，占 3.2%；100~500 人的 38 家，占 24.4%；100 人以下的有 109 家，几乎占 70%；30 人以下的 65 家，占 41.7%；10 人以下的有 34 家，占 21.8%。

许多在沪跨国公司研发机构在资金投入和人员规模方面均有宏伟的发展规划。例如，联合利华对上海研发基地的新增投资已达 1 亿美元以上，今后此类投资还将继续追加；霍尼韦尔计划投入 1350 余万美元用于扩建上海研发中心；AMD 上海研发中心计划用 2 至 3 年的时间对该中心的总体投入达到 1600 万美元；EMC 中国研发中心预计未来 5 年向研发中心投资 5 亿美元；阿斯利康中国创新中心未来 3 年内将在上海投资 1 亿美元用于药物研发等。

在沪跨国公司研发机构的人才扩张计划也紧锣密鼓地展开。如 AMD 上海研发中心用 2 到 3 年的时间将研发人员由数十人增加到 400 人左右；德国大陆中国研发中心员工总数在 2009 年达到 450 人，到 2011 年增加到 600 人；霍尼韦尔计划将研发人员在 3 年内由目前的 800 人发展到 3000 人；葛兰素史克中国研发中心则计划在 10 年内将研发人员增加到 1000 人。

（4）产业分布集中高技术领域，但涉及产业更加多元化

目前在沪设立的外资研发机构主要集中在电子及通信设备制造业、生物制药业、化学原料及化学品制造业、交通运输设备制造业等技术密集型产业，如表 8-2 所示。信息产业被认为是 21 世纪上半叶最有前途的产业，从营业额、增值率、利润率等多方面考察，电子设备、计算机行业均为各行业之首，而中国文字的特殊性使中国成为一个独特的市场，提出了很多崭新的课题，这些课题必须在中国完成，这就也成为软件、电信行业的跨国公司大量在上海建研

发中心的一个重要原因。生物、化学领域的跨国公司选择上海作为
研发投资基地，除了上海所具有的吸引力以外，与生物、化学行业
研发成果的特殊性也有一定的关系。生物和化学工业的配方具有一
定的保密性，不易被模仿，因此，其在相对落后的国家建立研发机
构不但不必担心会被当地企业学到相应技术而与其竞争，而且还会
扩大其在东道国的市场份额。此外，汽车工业是上海的支柱产业之
一，通用、大众等汽车基地的建立，势必要求有高水平的研究开发
中心与之配套，因此，汽车行业的跨国公司在上海设立研发机构就
不足为奇了。

表 8 - 2　上海外资研发机构的行业分布

行　　业	研发机构数量（家）	所占比重（%）
半导体	17	5.7
电子及通信设备制造业	98	33.1
化学化工	40	13.5
生物制药	58	19.6
交通运输设备制造业	35	11.8
服务业	26	8.8
机械制造	6	2.0
食品饮料	11	3.7
其他	5	1.7
总计	296	100.0

（5）投资来源地相对集中，美、日、欧居绝对优势

近年来，在上海投资研发的国家和地区不断增多，投资主体呈
现多元化趋势，但美、日、欧等发达国家和地区仍占主导地位，如
表 8 - 3 所示。在所统计的 296 家外资研发机构中，来自美国的有 94

家，在数量上独占鳌头；其次是日本，有45家。来自美国和日本的跨国公司研发机构合计占跨国公司在沪研发机构总数的47%，几乎称得上是占据了上海外资研发机构的半壁江山。从来源地区看，形成了西欧、北美、中国港台、日本"多足鼎立"的地区格局。此外，来自英属维尔京群岛、毛里求斯和开曼群岛等避税港的有33家，既有归国留学人员创办的外资企业或研发类公司，也有一些国外（包括港澳台地区）知名企业在当地注册的公司。

从不同母国设立的研发机构的规模大小来看，来自美、日、欧的研发机构不仅数量居绝大多数，而且其机构规模和研发实力更居绝对优势，因为世界500强投资的研发机构几乎全部来自这些国家和地区。

表8－3　在沪跨国公司研发机构的国别来源

国家或地区		全部外资研发机构		世界500强企业设立的研发机构	
		机构数（家）	百分比（%）	机构数（家）	百分比（%）
北美洲	美国	94	31.8	43	37.1
	加拿大	2	0.7	0	0
	小计	96	32.4	43	37.1
欧洲	德国	18	6.1	13	11.2
	法国	13	4.4	11	9.5
	瑞士	9	3.0	5	4.3
	英国	7	2.4	5	4.3
	荷兰	6	2.0	3	2.6
	瑞典	4	1.4	2	1.7
	奥地利	1	0.3	0	0
	意大利	1	0.3	0	0
	小计	59	19.9	39	33.6

续　表

国家或地区		全部外资研发机构		世界500强企业设立的研发机构	
		机构数（家）	百分比（%）	机构数（家）	百分比（%）
亚太	日本	45	15.2	30	25.9
	中国香港	32	10.8	0	0
	中国台湾	16	5.4	0	0
	新加坡	7	2.4	0	0
	韩国	5	1.7	3	2.6
	澳大利亚	2	0.7	0	0
	印度	1	0.3	0	0
	小计	108	36.5	33.0	28.4
避税地	英属维尔京群岛	18	6.1	0	0
	开曼群岛	8	2.7	1	0.9
	毛里求斯	7	2.4	0	0
	小计	33	11.1	1	0.9
总计		296	100.0	116	100.0

（6）在沪分布集中于四大开发区，不同行业的地区分布存在差异

从地区分布看，目前在上海的跨国公司研发机构，主要分布在浦东新区的张江高科技园和金桥外贸出口加工区、浦西的漕河泾高新技术开发区和虹桥经济技术开发区，这四个区域所集聚的外资研发机构占总数的比重超过65%，另有少量的跨国公司研发机构零星分布在黄浦、嘉定、青浦、松江等区内。一般来说，研发机构在区位指向上需要接近生产单位，因而，布局于经济技术开发区是一个较好的选择。

从行业的地区分布看，软件开发、生物制药、化学化工的跨国

公司研发机构高度集中在张江，几乎占所有行业的95%以上。电子及通信设备制造业主要集中在张江和紫竹科学园区，此外，在漕河泾高新技术开发区、金桥外贸出口加工区、虹桥经济技术开发区和松江工业区也有分布。交通运输设备制造业的跨国公司研发机构主要集中在嘉定和漕河泾高新技术开发区。外资研发机构的空间分布情况基本上与不同开发区的行业优势相符合。另外，还有少量不从事生产或设在控股公司内部的跨国公司研发机构位于中央商务区，如Google中国工程研究院（上海）设在来福士广场、阿尔卑斯通信器件技术（上海）有限公司位于汤臣金融大厦等。

2. 运营特点

（1）大型跨国公司研发机构以非独立为主，中小型公司则以独立为主

跨国公司在沪研发机构的组织形式以非独立法人为主，这一特点在大型跨国公司中尤为显著。截至2007年登记注册的296家在沪外资研发机构中，具有独立法人资格的有137家，非独立法人形式的有159家，占比53.7%。由世界500强设立的116家研发机构中，非独立法人为85家，比重高达73.3%，其中又有33家为公司地区运营总部暨研发中心。

与大型跨国公司不同，一些中小型外资企业的专业研发型公司却大都表现为独立法人形式。这类跨国公司研发机构虽然规模相对较小，但常常在某些领域具有很强的研发能力。它们往往由科学家主导，由国际投资基金公司或私人财团参与投资，以技术研发作为营运重心，并以研发创新与销售知识产权作为主要的经营手段，故表现出独立法人与研发投资合二为一的特征，这一特点以生物科技型研发公司最具代表性。据统计，在上海外资登记注册的127家非

世界500强跨国公司研发机构中，有89家为独立设立的研发机构，而仅仅只有38家研发机构为非独立法人形式。例如，旭华（上海）生物研发中心有限公司、爱思开生物医药科技（上海）有限公司、博阳生物科技（上海）有限公司等都是以独立法人为组织形式设立的科技专业研发型公司。

（2）人才构成本土化程度高，以工程师为主

跨国公司在沪研发机构人员95%以上是从国内招聘，主要来源为国内大学、研究机构和企业，这些研发人员全部具有大学本科以上学历，相当一部分拥有硕士和博士学位。获硕士及以上学历的占到样本数的58%。而且，这些跨国公司研发机构都倾向于从国内招聘应届毕业生，通过内部培养的方式来实现人才结构的稳定，如霍尼韦尔、英特尔、3M的研发人员大多是高校应届毕业生。此外，调查显示，上海外资研发机构的科技人员的技术职称构成以一般技术人员（大学本科毕业5年内的技术人员）和中级技术人员（具有工程师职称或相应技术水平的技术人员）为主，高级技术人员（高级工程师和科学家）比重不高（表8-4）。

表8-4　上海部分外资 R&D 机构科技人才的技术职称构成

外资研发机构名称	技术辅助人员比重（%）	一般技术人员比重（%）	中级技术人员比重（%）	高级技术人员比重（%）
上海理光	10	40	30	20
上海欧姆龙	-	90	10	-
上海日立电器	17	69	24	10
捷普科技	2.5	30	62.5	5
可口可乐技术中心	11	42	39	8
联合电子技术	17	17	48	15
上海贝尔阿尔卡特	39.7	39.7	45.8	8.9

（3）管理方式较为先进，培训与内部激励机制较为健全

跨国公司在上海的研发机构，在成立之初就把国外先进的管理理念、经验和模式带入了国内，因此，与国内研发机构相比，它们一般都具有较为先进的管理理念、较为科学的管理模式和较高的管理水平。首先，大多数跨国公司研发机构都实行柔性化的管理模式，不明确规定研发部门或人员的单纯行为，使研发活动渗透到公司生产经营的全部过程，成为公司员工的共同行为，这样不但有利于降低风险，而且有利于提高研发效率、降低研发成本。其次，跨国公司研发机构一般都具有比较健全的培训与内部激励机制，非常注重对其员工和技术人员的培训和激励。例如，大多数跨国公司研发机构对在国内招聘的员工，尤其是应届毕业生，都要经过至少一年以上的专业培训。再次，跨国公司研发机构一般都非常注意构建与优化对核心技术及其携带者的战略保护机制。如加强对核心技术拥有者的管理与控制，培养他们对企业的忠诚；消除企业内部的本位主义和派系斗争，对核心技术拥有者进行合理配置；对某些经营不善的业务不草率处理，因为在这些业务中很有可能存在具有潜在价值的核心能力、核心能力组成要素或核心能力的拥有者；等等。

专栏8-1 跨国公司离岸研发机构的新目标：加大本地化创新

GE（通用电气）在全球有四个研发中心：美国纽约尼什卡纳、印度班加罗尔、德国慕尼黑以及中国上海。一直以来，GE的产品经理有90%在美国，10%在欧洲。而中国区职位的设立，一定程度上意味着GE对中国市场寄予厚望。

"GE中国的产品开发此前有个很大的难题，就是缺乏一套有效

的体系去挖掘本土市场的潜在需求。"GE 水处理部门大中国区产品经理顾毅康说道，"过去在中国的研发工作更多时候是'两头在外'，即为根据欧美市场的需求进行研发，并将产品投放国外。"而如今，这位产品经理需要从本地化出发，"我（如今）最大的任务就是及时和精确地捕捉本地的需求。"

GE 希望，通过产品经理这根"纽带"，公司可以立足中国本土进行研发，并将满足中国市场的低成本业务模式推向全球。GE 将这一策略称为"反向创新"（reverse innovation），这个概念最初由美国达特茅斯大学塔克商学院全球领导力中心主任维贾伊·戈文达拉扬提出。

在中国，GE 的"反向创新"有两个内涵：一是本地化创新，根据新兴市场研发出高性价比的产品；其二是将在新兴市场研发的产品推向全球。

从 2008 年起，GE 便设立了"在中国，为中国"项目（简称 ICFC），向中国研发中心提供专项资金用于本土研发，2009 年和 2010 年的投入分别达到 3000 万美元。不仅仅是 GE，近年来，越来越多的跨国公司开始在中国加大本地化创新。它们的目标出奇地一致：为中国市场"量身定制"产品，提供适合本地性价比曲线的解决方案。霍尼韦尔中国研发中心甚至称，"希望五年以后能够有 60%~70% 的精力用于为本土市场研发。"

一款新的产品，很难既满足欧美市场的需求，又满足中国等新兴市场的需求。因此，对 GE 中国研发中心的挑战在于，如何通过"反向创新"，而不仅仅是简单的本土化改良，来获得新的市场。GE 中国设计的低价 CT 机是个典型的例子。公司原有的设备体积庞大、价格昂贵。"在美国的医院，每天做 CT 扫描的病人不会超过 30 个，而在中国的任何一家三甲医院，每天一二百人使用一台 CT 机十分常见。"陈向力指出，这意味着中国使用的 CT 机在工作流程、元器件性能和机械散热方面，必须在美国生产的基础上进行大规模改动。与此同时，中国团队还发现了降低成本的空间。中国研发团队通过改动 CT 机的子系统和散热设计等，使得新产品的售价控制在高端产品的 15% 以内。结果，投放市场后的六年，这种低价的 CT 机为 GE 带来了 2.78 亿美元的销售额。"后来，这个创新我们在中国的低端和终端的机器上实现以后，第二年马上用到全球最高端的产品上去了。"陈向力如此表示。这样一来，反向创新的效果得到直接的体现。为了将这种势头持续下去，GE 开始将 CT 机、水处理等业务线的产品经理转移到中国。

创新的全球化，是不少跨国公司日益重视的方向，举措包括把更多的研发费用投入到总部以外的国家。博斯管理咨询公司（Booz &Company）在 2009 年的研究中发现：2007 年中，入选的前 80 强美国公司研发资金总额为 1460 亿美元，其中有 801 亿美元用于海外。欧洲 50 强公司的研发开支总额为 1170 亿美元，其中有 514 亿美元用于欧洲大陆以外的地区。在日本，前 43 强日本公司研发开支总额为 716 亿美元，其中有 404 亿美元用于其他国家。相比之下，2007 年，入选的 10 家中国大陆企业的研发开支总额是 24 亿美元，在创新全球化战略方面更是几乎为零。

由于得到更多的研发经费，跨国公司研发机构可以开拓的领域也变得更广，包括可根据新兴市场的现实情况，进行本土定制的开发工作。

"2003 年前，GE 在中国做的基本就是生产的转移，产品设计上没有实质性的改动；之后三年，我们开始在本地化上下工夫，但直到最近三年，我们才真正地在技术上实现创新。"陈向力称，"无论是产品的定位还是技术的开发方向，完全由国内的研发人员完成。因为只有本土的团队才有可能发现当地客户的需求。"

"五年前，很多公司到中国和印度做研发，都是出于节约成本的目的。但现在，成本已不再是首要考量的标准，大家更加看重市场的因素。"GE 的竞争对手，霍尼韦尔科技事业部副总裁兼中国区总经理王鈜称，"我们每年在亚太区的销售额增长有45%左右，人数则以20%的速度增长。"2007 年底，霍尼韦尔中国将四大事业部的研发中心进行合并，就是为了"从市场的角度看问题"，希望为客户提供全方位的技术方案。

同样，2006 年年底在中国设立"卓越研发集团"的 EMC 公司，最初的员工也不过只有一个人——现任研发集团总经理李映。不到 4 年的时间里，EMC 中国研发团队成长到 1000 多人，并计划继续以 30% 的速度发展。"EMC 在中国已有 13 年的历史，之所以选择 2006 年年底来中国设立研发团队，很大原因是中国市场的销售额在过去几年中，每年都以双位数的速度增长。"李映称。在此期间，"E云"、"存储宝箱"等针对本土市场的产品亦破土而出。

资料来源：黄锴：《跨国公司"抢跑"新兴市场　本土定制的新机会》，《世界经济报道》，2010 年 07 月 22 日。本书作者有删节。

二、跨国公司在沪研发机构与本土互动情况

1. 跨国公司研发机构与本土互动的意愿

跨国公司对于根本性创新在全球范围的传播显然能够发挥重要作用。如果愿意，它们可以把专用设备和技术转移到任何新的地区，并在这一地区激励和组织必要的学习。它们可以在全球的任何地区，

与竞争对手达成技术交流协议，并组成合资企业①。而伦德瓦尔早在1993年就曾指出，先进用户在地理和文化上的相似性，以及用户与生产商之间的稳定关系网，都是提高发展能力和获得相对优势的重要资源；这正如成熟的经营管理、先进的技术、知识的积累也是重要资源一样②。由于相互学习会给跨国公司带来利益，所以，它们会选择在当地设立研发机构。从这个意义上讲，跨国公司研发机构本身存在与本土互动的愿望和动机。

跨国公司在中国设立研发机构的目的主要有：支持地方生产、适应中国市场需求、利用本土的廉价研发人员以及获取地方研发成果等。例如，全球领先的电力和自动化技术集团 ABB 宣布其动力总成（PTA）全球技术中心迁往上海时，其 PTA 经理 Bill Bradbury 先生表示："我们对亚洲和中国市场充满信心。中国市场迅速发展、ABB 在华坚实的业务基础、全球动力总成业务的成本迁移、在亚洲建设更多项目的目标进而成为未来的出口中心，这些都是促使我们作出这个决定的原因。"③ 2005 年 5 月成立的 Intel 中国封装技术研发中心封装技术研发部总监 Kenneth M. Brown 先生解释封装技术研发中心落户中国的原因时说："第一，中国在全球手持电子产品方面起到了主导性的作用，而手持电子产品进一步影响到 SiP（System in Package，系统级封装）等技术的发展方向；第二，在中国很容易招到符合要求的各种技术人才；第三，封装技术研发中心与 Intel 上海

---

① ［英］克利斯·弗里曼，罗克·苏特著，华宏勋，华宏慈等译：《工业创新经济学》，北京大学出版社，2004 年，p. 396。

② ［英］克利斯·弗里曼，罗克·苏特著，华宏勋，华宏慈等译：《工业创新经济学》，北京大学出版社，2004 年，pp. 395 – 396。

③ 万怡：《ABB 动力总成全球技术中心迁入中国》，《机器人技术与应用》，2005年第 3 期，p. 26。

封装测试工厂临近，便于新技术的量产；第四，通信技术与计算技术正在融合，市场要求进行通信封装技术的研发并为手机产品提供技术支持。"① 出于类似的目的，跨国公司在中国设立了越来越多的研发机构，其中，有以开发为主的研发机构，也有以研究为主的机构，并且后者所占的份额在不断上升。为了实现所有这些目的，还有一些跨国公司甚至设立了更为综合性的研发机构。较为典型的是德固赛上海研发中心。德固赛公司是德国第三大化工企业，它于2004 年 4 月投资 1000 万欧元设立了上海研发中心，该中心是德固赛全球所有研发中心中最为多样化的一个。德固赛公司设立该研发中心的意图不仅是要帮助公司巩固和扩大市场领先地位，同时还要增强公司在以知识为基础的价值链中的竞争力。

出于实现预定目的的需要，应该说，跨国公司研发机构是具有同本土互动的愿望和动机的。在笔者掌握的访谈资料和文献资料中，跨国公司研发机构的负责人在谈到在上海设立研发机构的动机时都谈到了其同本土互动的愿望。

——在 Intel 中国封装技术研发中心成立仪式上，该中心经理钟学军表示："我们还会与某些大的封装设备厂商进行一些技术开发，但具体与谁合作，要看市场的发展与需求。"封装技术研发部总监 Kenneth M. Brown 先生说："随着 Intel 各个研发部门在中国建立，我们将会增加本地人才综合技能，并与本地高校合作进行课程编制和科研项目合作，组织 Intel 高校公开研讨会，在公司方面寻求更多的

---

① 刘林发：《Intel 中国封装技术研究中心成立　专家阐述行业现状与趋势》，《电子与封装》，2005 年第 6 期，p. 43。

项目研发合作的机会。"①

——在德固赛上海研发中心落成仪式上，德固赛负责研发业务的董事欧伯翰博士指出，研究、开发和创新是公司在中国持续增长战略的重要组成部分，德固赛的目标就是把中国纳入全球研发网络中，同时，还要同中国顶尖大学进行研发合作，主要目标就是发展对德固赛的业务运营有重要意义的科学技术②。他表示，"德固赛在上海成立研发中心的目的，不仅是把技术带到中国，更重要的是可以通过这个平台与当地学术界建立联络。"

——2005 年 11 月 22 日，杜邦中国研发中心在上海张江高科技园区正式启用。该研究中心投资 150 万美元，是继瑞士和日本之外，杜邦在海外设立的第三大公司级综合性研发中心。杜邦的首席技术官唐乐年表示，之所以选择上海建立研发中心主要有两个原因，一个是响应当地客户的需要，第二个就是和当地的科研界更好地合作。在中国，杜邦会加强高分子聚合物研究，因为很多本地客户在这方面比较活跃。生物技术的研究也会在上海中心开展③。也就是说，杜邦公司将上海研究中心作为一个平台，进一步推动杜邦与中国及亚洲地区一流的大学和科研机构的技术交流与合作。

2. 互动的对象与方式

（1）与本土高校和研发机构进行研发合作

包括与大学、科研院所及企业研发机构的研发合作。跨国公司

---

① 刘林发：《Intel 中国封装技术研究中心成立 专家阐述行业现状与趋势》，《电子与封装》，2005 年第 6 期，p. 42。

② 苏晓渝：《德固赛公司》，《国际化工信息》，2004 年第 5 期，pp. 18 - 20。

③ 鲁娜，杜邦：《软硬兼施本土化之道》，《经济观察报》，2005 年 12 月 3 日。

研发机构为了充分利用外部资源，除进行独立的研发活动外，还会以多种形式与国内高等院校和研究机构进行合作研发（表 8 - 5）。例如，通用电气研究开发中心通过签约项目与浙江大学、上海交通大学和上海硅酸盐研究所进行清洁能源和电动汽车的开发和推广应用；罗克韦尔自动化研究中心与清华大学、浙江大学、哈尔滨工业大学等国内多所著名院校有签约项目或建立合作实验室；惠普中国软件研发中心与清华大学和中国科学院进行合作，寻求设备支持和技术指导。贝尔实验室基础科学研究院（中国）与中国高校和科研院所建立了紧密的合作关系：与清华大学合作建立了三个联合实验室；与中国科学院软件研究所合作建立了一个联合实验室；与复旦大学合作建立了一个联合实验室。这些联合实验室的研究领域涉及光网络、下一代互联网 IPv6、无线通信、软件系统以及网络分析与设计。值得注意的是，多数跨国公司研发机构与国内企业的研发合作较少，在访谈中只有罗克韦尔自动化研究中心清楚地提到同企业有合作研发关系。

表 8 - 5　上海部分跨国公司研发中心与国内科研机构和大学的合作简况

研发机构名称	合作科研机构	合作形式	合作动机
霍尼韦尔中国研发中心	复旦大学、上海交通大学、天津大学、清华大学、西北工业大学、中国科学院自动化研究所、上海飞机设计研究所等	签约项目	吸引高素质劳动力
陶氏化学（中国）研发中心	北京大学、清华大学、复旦大学、上海交通大学、同济大学等	签约项目人员培训	获取高素质劳动力、获取信息
3M 中国研发中心	上海交通大学、华东理工大学、中国科学院	签约项目人员培训	获取高素质劳动力、获取信息

研发机构名称	合作科研机构	合作形式	合作动机
欧姆龙传感控制研究开发（上海）有限公司	上海交通大学、清华大学、西安交通大学、浙江大学、北京大学	签约项目	获取高素质劳动力、利用机器设备
通用电气开发研究中心	浙江大学、上海交通大学、上海硅酸盐研究所	签约项目人员培训	获取高素质劳动力、获取机器设备
罗克韦尔自动化研究中心	清华大学、浙江大学、哈尔滨工业大学等十余所高校	合作实验室签约项目	优势互补
泛亚汽车技术研究中心	上海交通大学、清华大学、同济大学	合作举行汽车设计大赛	吸引高素质劳动力
拜耳上海聚合物科研开发中心	同济大学、上海交通大学	签约项目	交流信息，提高本地劳动力市场素质
格罗利药业科技有限公司	华东师范大学、上海医学工业研究院	签约项目	获取信息和机器设备
惠普中国软件研发中心	清华大学、中国科学院	资金设备支持、技术指导	扩大知名度，利用、参考研发成果

资料来源：杜德斌：上海市软科学项目"上海创建国际产业研发中心的战略研究"。

（2）与企业的互动

包括向上下游企业提供产品和技术支持。例如，杜邦公司中国研发中心的主要角色是推广公司的先进技术，帮助杜邦公司现有产品在中国和亚太地区进行本地化生产。MIPS 科技公司上海研发中心的设立目的是对 MIPS 科技公司工程业务进行拓展，以新型 MIPS 处理器硬内核的开发为核心，协助中国公司设计最先进的数字消费类产品，向中国各地获得 MIPS 公司许可的客户提供技术支持。凭借

MIPS 公司丰富的微处理器技术和 IC 设计专长以及当地的工程技术人员，这个研发中心将设计为中芯国际等当地芯片代工厂而优化的 MIPS 硬内核，以协助缩短 SoC 设计周期，让产品迅速上市。ABB 动力总成全球技术中心为多家国内企业提供产品，包括上海大众汽油发动机装配线、上海通用发动机装配系统、一汽大众缸盖分装线等。泛亚汽车技术中心有限公司将通用汽车的先进技术和专业管理能力同上汽对中国国内市场的了解和经验相结合，为通用汽车、上汽集团以及相关合资企业提供众多汽车工程服务，在将产品改制以满足中国客户的需求方面扮演着非常重要的角色，尽力满足通用汽车、上汽集团以及相关合资企业所提出的服务需求。

（3）进行人员培训

包括派遣本机构的研发人员到国外培训、聘请国外专家对本机构员工进行培训、对相关企业人员进行技术培训等多种形式。例如，在泛亚汽车技术中心有限公司，截至 2004 年 9 月，共拥有 816 余名正式员工，其中 800 名为工程师、设计师及技师，这其中，有 27 名美籍人员，负责技术管理和沟通，并且在公司内实行导师制，每位美籍人员负责指导几位中方人员，定期考核指导业绩。在 GE 中国研发中心，培训是其重要功能之一。位于 GE 中国全球研发中心主楼三层的 GE 中国培训发展中心，是 GE 公司内规模仅次于纽约克劳顿村约翰·韦尔奇领导发展学院的培训中心。培训中心为 GE 员工、也为客户提供深层次的培训，有时，为客户提供免费培训是写进合同里的。再例如，杜邦公司中国研发中心的一个主要任务就是对客户进行培训和应用技术研发。

（4）其他方式

包括举办和参加学术论坛、为高校提供师资、资金等资源、联合培养学生等。以贝尔实验室为例。贝尔实验室中国基础研究院采取了多种形式同本土互动。例如，2003 年，经国家人事部批准，贝尔实验室中国基础科学研究院建立了博士后科研工作站，成为又一家建立博士后工作站的外资独立研究机构。本着培养人才、促进产学研结合以及科技发展的宗旨，贝尔实验室中国基础科学研究院将与中国的高等院校合作培养人才，对博士后课题进行联合指导、评估等工作，为中国年轻人才提供更多的科研机会以及良好的工作和生活环境，从而促进贝尔实验室中国基础科学研究院与中国政府以及科研机构更加紧密地进行合作和学术交流。与此同时，研究院与国家自然科学基金委员会进行合作，共同资助重点项目和青年基金项目。此外，贝尔实验室基础科学研究院还为本科生、硕士生和博士生提供实习机会。目前，他们已为国内外一百多位本科生、硕士生、博士生提供了实习机会，使实习的学生能够在良好的学习和实践环境中接触到前沿的研究课题并与优秀的研究人员共事。多年来，贝尔实验室中国基础科学研究院每年都与国内著名的大专院校定期举行"贝尔实验室杰出科学家讲演"，致力于增进中外科技界的相互了解和交流，并为中国科研人员和学生提供一个与世界一流科学家进行面对面交流的机会。贝尔实验室中国基础科学研究院院长李大维博士指出："贝尔实验室基础科学研究院（中国）自成立以来，在通信网络、通信软件、光通信以及计算机科学和应用数学领域取得了大量成果，并与国内院校及科研院所开展了卓有成效的合作。我们将继续举办贝尔实验室杰出科学家系列讲演活动，使之成为中外科技界交流的重要纽带。"

专栏 8−2 **贝尔实验室先进技术研究院的职能及其与本土的合作**

贝尔实验室先进技术研究院分别在北京和上海设有研发机构，

其使命是研究、应用世界一流的技术，为朗讯科技及其客户设计、开发出具有竞争力的通信产品、通信网络及解决方案，并成为通信领域中前沿科技的卓越的领导者。

贝尔实验室先进技术研究院北京和上海分部，拥有通信技术领域优秀的工程师，他们为客户提供先进的通信处理、系统和原型设计，满足客户对先进产品和服务技术的需要，尤其是在语音、数据、图像和图像信号处理，安全通信的加密解决方案、系统综合技术、适配，以及端对端的数字通信系统方面的需要。

在无线通信、数据通信、光通信、软件开发配置管理、变更管理和软件产品构造工具（SABLIME & Nmake）等领域，与欧美的同事们合作完成前瞻性全球化产品的研发，并且支持朗讯的主流产品线，例如：SS7 协议软件、下一代路由器等等。

此外，贝尔实验室先进技术研究院（中国）的工程师们还致力于将数据通信网、无线通信、光通信、数字多媒体、自动语音识别等领域的研究成果以及芯片设计、数字信号处理等先进技术带进中国，与中国的科研机构、高等院校和企业界开展积极诚恳的合作，更有效地服务于中国市场。合作模式包括现有产品的本地化转化、提供技术许可证或原形、提供设计服务、联合开发项目、联合选定技术和开发目标、提供技术咨询等，如 Telematics（车载远程通讯服务系统）、MediaTrax（运动动作追踪系统）、ISG（智能服务网关）等等。

先进技术研究院除了前瞻性研发和朗讯主流产品线开发与支持外，已启动一些基于本地市场需求的新技术原形开发。例如：基于先进自动语音识别技术的语言学习机、语音输入设备、基于蓝牙标准的语音及数据通信系统、下一代互联网技术、先进的网络管理技术等。贝尔实验室力求通过自己的研发力量提供中国市场高质量高效率的服务。

3. 互动中存在的问题

（1）与高校和科研院所的研发合作较多，与企业研发机构的研发合作甚少

主要原因有以下几个方面：第一，企业作为创新主体的地位尚未确立，很多大中型企业没有独立的研发机构，即使有，研发实力也不强，还不具备与跨国公司研发机构进行交流与合作的基础。相关资料表明，全国大中型企业中71%没有技术开发机构，2/3没有技术开发活动①。笔者曾就与跨国公司研发机构合作问题调查了43家国有大中型企业的高层领导，大部分受访者认为自己的企业研发力量较跨国公司有较大差距，尚不具备同跨国公司研发机构合作的条件。第二，由于研发活动本身的性质，研发活动越到接近市场的阶段，其保密性要求越高，企业之间合作的风险越大。而跨国公司研发机构同高校和科研院所的合作主要偏重于基础研究阶段及研发的前期阶段的内容，合作的风险相对较小。因此，跨国公司研发机构也倾向于同高校和科研院所进行更多的合作。第三，企业之间研发合作的利益划分机制尚未形成，跨国公司研发机构担心如果同本土企业进行合作研发，其应得利益不能得到保证。例如，德固赛公司认为，"中国企业应和与之合作的外资企业达成一个有关知识产权归属的协议。如果知识产权归属明确，在中国进行研发成果产业化的工作难度并不比在世界其他地

---

① 王红茹：《七成国企无研发机构，创新缺失越引进越落后》，《中国经济周刊》，2006年1月23日。

区大。"① 第四，跨国公司研发机构的性质和职能的影响。在沪的跨国公司研发机构中，2003 年和2004 年新设立的研发机构中都有20% 左右是非独立型的，其中不少规模较小，主要职能是为企业生产提供技术支持。这样的研发机构不具备较强的研发力量，与其他企业研发机构互动的需求较小，而且，由于自身的研发力量有限，如果有需要研发的项目，也会选择寻求相关高校和科研院所的支持和帮助，因此，这也是在沪跨国公司研发机构与本土企业合作较少的原因之一。

（2）跨国公司研发机构同本土企业互动的主要形式是为上下游企业提供产品和技术支持，知识流动基本上是从跨国公司研发机构流出这样一种单向形式，尚未形成知识的双向流动机制

由于本土企业技术水平不高，技术力量较弱，因此，跨国公司倾向于将自己的科技产品向本土企业推广，以及为自己的产品提供技术支持，通过这种方式，知识从跨国公司研发机构单方向流向本土企业。而本土企业在这种互动中基本上扮演着被动的接受方的角色。如果地方有较为成熟的产业集群，或者本土企业的技术水平较高，则本土企业有可能参与到产品研发阶段中，使自己的意图和知识在产品中得以体现，并能够从产品的盈利中分一杯羹。这是一种知识的双向流动形式，是一种更为良性和有益的流动形式，也是促使跨国公司研发机构升级及吸引更多跨国公司研发机构进入本土创新体系的重要力量。

（3）互动形式不够丰富，互动尚处于较为浅层阶段

目前，很多在沪跨国公司研发机构与本土的互动尚处于探索和

---

① 苏晓渝：《德固赛的创新方法——创新原动力》，《国际化工信息》，2004 年第 5 期，pp. 22 – 25。

起步阶段，同高校和研究院所的合作主要有联合研发、项目外包、建立培训中心、建立联合实验室、为高校提供奖学金、联合培养学生、组织会议、论坛等，这些都是合作的较为常用和简单的方式，其中相当部分并没有介入具体的研发项目的实质内容之中。此外，本土同跨国公司研发机构的互动还不够主动，尚未形成知识在跨国公司研发机构和本土创新主体之间双向流动、结构互动网络的状况。

（4）跨国公司研发机构同本土合作的中介力量尚未形成，也影响了跨国公司研发机构同本土互动的效率和效果

政府和中介机构在促进跨国公司研发机构与本土互动中具有重要的作用。政府可以通过制定政策，采取给予财税优惠、明确产权划分原则等措施，构建一个鼓励和引导跨国公司研发机构同本土互动的政策框架，使跨国公司研发机构同本土互动可以有据可查，有法可依，责权利清晰，从而促使跨国公司研发机构和本土创新主体都提高互动的积极性和能动性。另外，研究显示，在跨国公司研发机构同本土合作研发的过程中，中立的第三方机构的存在有利于在合作双方中形成更为合理的制度设计，从而保证合作双方利益的实现①，因而，第三方力量的存在将为促使跨国公司研发机构同本土互动提供有利的条件。目前，上海尚没有能充分发挥这种作用的中介组织，这也影响了跨国公司研发机构同本土互动的能动性。

（5）设立时间较短，尚未建立起同本土创新主体互动的机制

尽管跨国公司研发机构进入上海已经有较长的时间，但是其大量进入上海还是 2004 年以后的事。尽管不少跨国公司研发机构都提出，在其成立之前就已经在探索和寻求同本土的合作，但是，寻找

---

① 保尔·B. 德拉特：《危险的联盟——研究与开发联盟中的知识共享》，载安娜·格兰多里主编：《企业网络：组织和产业竞争力》，中国人民大学出版社，2005 年。

合适的合作对象以及合作双方建立起合作机制需要一定的时间，其合作的效果也需要时间来检验。

（6）尚未形成有利于跨国公司研发机构同本土互动的环境

首先，需加强产业集群建设，营造良好的创新环境。在沪跨国公司研发机构在空间上相对集中于浦东张江高科技园区、闵行经济技术开发区等高新区内，这种地理接近有助于创新主体之间的互动。但是，目前上海的高新区普遍面临二次创业的局面，需要进行产业升级和向产业链上端移动，而且，在高新区内部尚未形成较为成熟的产业集群，产业链不够完整，难以发挥产业集群所能够具有的将跨国公司研发机构整合入地方创新体系的作用。因此，上海的地方创新体系建设仍有待进一步完善，从而营造一个更加高效的创新环境，尽可能地挖掘跨国公司研发机构在企业集群中所能发挥的创新潜力。其次，需加强知识产权保护力度，为跨国公司研发机构同本土互动提供良好的政策环境。很多跨国公司研发机构在同地方创新主体互动的过程中仍有知识产权保护不力的担忧，这也是妨碍其同本土互动的一个重要方面。因此，加强知识产权保护力度仍是今后一个时期需要加以强调的问题。再次，需制定灵活的人才政策和用工政策。尽管上海在实行灵活的人才政策方面走在全国的前列，但是，在人才政策和用工政策方面仍然面临着一系列新的问题。例如，复旦大学中美联合临床与分子医学研究中心提出，他们在招聘人员过程中遇到双轨制问题：高校工作人员铁饭碗却低工资，外资研究所薪水高却无稳定性，怎样保证这些人才的稳定性是个需要考虑的问题。

（7）互动取得一定的成效，但是互动成果仍需进一步丰富，本土相关机构也应更加重视这些互动成果

　　跨国公司研发机构同本土的互动已经取得了很多可以度量的成果。例如，贝尔实验室在1997年设立后的一年多时间里，其科研人员已申请九项专利，发表论文十余篇。在产品开发上，与美国合作进行全球化产品开发。在技术支援上，已开始支援中国大陆、中国台湾、马来西亚以及日本的客户，落实了进入世界级研发机构的目标。在与高校合作上，贝尔实验室与上海交大的联合实验室参与并指导了博士论文四篇，硕士论文两篇；与北京大学参与并指导了硕士论文两篇。在人员培训上，贝尔实验室支持并协助上海交大、北大联合实验室的教授和四位博士学生去美国从事为期六个月至一年的研究工作。美国参与博士论文指导的专家定期来华指导。联合实验室的教授及学生们已先后在国内外发表了十一篇论文。上海交大的人员与美国贝尔实验室科学家在语音研究方面合作著书，已于1999年在美国出版。

　　仔细分析，可以发现，跨国公司研发机构同本土互动产生的成果更多地偏向于基础方面，可以直接产业化的成果相对较少。此外，由于在合作中，本土方对合作成果不够重视，也削弱了互动的效果。资助高校实验室、研究基地等是跨国公司常用的方法。合同往往是外方提供的范本，一般有关研发成果权属的约定都归出资方所有，即便经过双方谈判，约定双方共有，但是，即使约定了"共同享有知识产权"的，也会伴有出资方的"独家使用"、"优先使用"等条款。而实际上，在市场化能力上，出资方企业与本土的研究机构简直就是天壤之别，预定外企与本土共有，实质意义很小，实践中也很少有在外方企业实施研发成果后，本土作为共同权人去主张酬权的。这样的条款仅体现了形式上的公平，本土的大学、科研机构在这些项目上充当的是跨国公司的研发部门，而本身从研发成果中的获益并未得到完全体现。

三、跨国公司在沪研发机构同本土互动的模式

自 1980 年英国马尼克通信公司在上海设立第一家研发机构开始，三十多年来，尤其是近十年来，跨国公司在沪设立的研发机构迅速增加，并继续呈现快速上升趋势。这为上海本土创新主体同跨国公司研发机构互动及获取后者的技术扩散创造了条件。研究显示，跨国公司研发机构本身具有同本土创新主体互动的动机和愿望，在实际运营中也同地方创新主体发生了多个方面、多种形式的互动，产生了较为明显的技术扩散效应。随着跨国公司在沪研发机构数量的不断增加，规模的不断扩大，职能的不断提高，在沪时间的不断延长，同时，在本土创新主体研发水平不断提高，区域创新体系不断完善的情况下，相信它们同地方创新主体之间的互动会越来越频繁，互动的形式会越来越多样化，互动的效果会越来越显著，并最终构建一个良性运作的跨国公司研发机构同本土的互动网络，从而达到通过互动实现在区域创新系统内扩大技术扩散效应，提升区域创新体系能级的目的。

综合分析跨国公司在沪研发机构同本土互动的情况，可以发现，在不同的行业和不同的产业结构中，存在不同的互动模式。

1. 合作模式

合作模式的特点是跨国公司研发机构与地方创新主体之间存在互相合作关系，知识在二者之间的流动是双向的。其前提条件是本土创新主体，包括大学、科研院所和企业研发机构具有较高的研发水平，拥有较为丰富的研发成果，尤其是具有本土特征的成果以及基础研究成果。跨国公司研发机构通过同这些本土研发主体的合作来获得地方创新成果，从而实现将本土研发资源整合入自身创新网

络的目标。

在上海的化工食品行业的跨国公司研发机构同本土创新主体之间的合作中可以发现这种合作模式。例如，成立于 2000 年 2 月的联合利华中国研发中心是该企业全球第六所、亚洲第二所研发中心。其使命是：运用中国人的智慧、学识、专业技术和能力，在天然活性物、中国传统医药、合成材料等领域开展一流的、独特的科学研究，创造活力，服务联合利华全球研发进程和业务发展。利用联合利华的全球科研优势，同时深刻洞察中国消费者的需求，在不断追求创新的过程中，中国研究所已经形成了以天然活性物和中国传统医药研究和功能性合成材料研究为代表的两个核心技术平台。在"取之于中国，用之于世界"的理念的引领之下，中国研究所形成了三大优势：卓有成效的消费者测试、快捷便利的采购中心以及高水准的科研协作。正如联合利华中国主席柏亚伦先生所言，上海的科技与人才优势是联合利华选择上海的重要原因。

2. 互补模式

互补模式的特点是跨国公司离岸研发机构与本土创新主体之间是分工互补关系，分别侧重于生产链的不同环节，知识在由跨国公司研发机构和地方创新主体构成的环节中平行流动。形成这种模式的必要条件是地方存在较为成熟的产业网络，能够方便、快捷地为跨国公司研发机构提供本土供应商和生产商知识，从而在跨国公司产品链的不同环节发挥互补的作用，达到缩短产品上市时间、对消费者和下游企业需求做出快速反应、通过地方消费者和上下游厂商的及时参与提高产品的市场适应等目的，提高产品竞争力。

在上海的电子信息、生物医药等产业中可以找到这样的合作模式。2003 年以来，上海已经形成了浦东 IC 地方产业网络。首先，迅速成长起来的大产业基础，吸引了欧美、日本等先进地区 IC 设计、封装配套企业入驻浦东。如设计公司 SST、ISSI、华腾、英飞凌，封装公司 Intel，原材料供应公司 Applied Materials，EDA 软件设计公司 Synopsys、光掩膜公司 Photronics 等。其次，大量海外留学人员纷纷回国创办 IC 设计企业，如展讯、鼎芯、普然等。本土 IC 企业开始快速发展，并且开始与入驻浦东的外资企业联系和互动。再次，国家和上海本土 IC 研究机构入驻浦东，加速了浦东 IC 科研机构的集聚步伐。这些机构包括国家微电子研究中心、上海集成电路研究中心、复旦微分析中心、中科院上海计算所等。近期，越来越多的系统公司开始将其研发中心设在浦东，包括美国 GE、索尼上海研发中心、松下、杜邦、美国霍尼韦尔等。可以说，楔入地方产业集群并从中获益已经成为跨国公司在沪设立研发机构的原因之一。

3. 下行模式

这种模式的特征是跨国公司离岸研发机构与本土创新主体在研发水平上处于不同的层面，前者高于后者，知识在二者之间的流动是从前者流向后者，是一种自上而下的流动。如果本土创新主体的技术水平低，研发力量薄弱，则处于被动的接受者的地位；如果本土创新主体具有一定的研发力量和技术水平，则可以在同跨国公司研发机构互动的过程中较为积极有效地接受后者的技术扩散。

在上海，汽车和机械制造等行业中存在这样的互动模式。在这些行业，上海存在较为雄厚的生产力量，上下游配套厂商较多，但是本土的技术力量相对较弱，自主创新能力较差。同时，该行业也是跨国公司在上海成立合资企业、建立研发机构较多的行业。通过互动，本土企业和研究机构有望从中获得技术扩散，提高自主研发能力。泛亚可以称为这种模式的一个案例。

第 九 章

跨国公司在沪研发机构技术扩散效应
及其影响因素

一、跨国公司在沪研发机构技术扩散效应

1. 促使本土研发机构创新能力提高

跨国公司在沪设立研发机构，为本土研发机构近距离接触跨国公司先进技术、学习跨国公司研发管理经验提供了条件。如果是跨国公司与本土建立的合资或合作研发机构，这样的研发机构更可以获得利用跨国公司研发资源的条件，从而有利于提高自身的研发水平。在这方面，泛亚汽车技术中心可以作为一个案例。作为一家由跨国公司与本土企业合资设立的研发机构，该公司从 1997 年成立以来，研发能力得到了较快的发展，较为成功地扮演了把通用汽车全球优势资源转化为本土优势的角色，在合资企业新产品本地化和概念车设计开发等方面能力有了较为显著的提高。2004 年 6 月，通用汽车在泛亚汽车技术中心投入 21 亿人民币资金，建设国内规模最大、功能最全的国际标准专用试车场；此外，国内第一套虚拟开发设施也在泛亚汽车技术中心建成。这套应用世界最先进数字开发技术的虚拟开发设施投入使用后，将极大地缩短泛亚的产品开发周期，

迅速提高泛亚的整车开发能力①。

2. 促使本土企业产品技术水平及新产品采用能力和速度提高

一般来说，跨国公司在沪研发机构都具有向公司内外部生产单位及上下游企业提供技术成果和技术支持的职能，希望藉此提高本公司产品的竞争力，促进本公司技术成果的商品化，提高该技术的市场占有率。跨国公司研发机构的这种做法客观上提高了生产单位产品的技术含量和生产技术水平，在产品更新方面跟世界水平更加接近。以 GE 中国全球研发中心为例。GE 中国全球研发中心有三个主要功能：首先是产品和技术的研究开发；第二是为 GE 在中国的采购业务提供工程技术支持，与中国的供应商一起，在产品设计、生产流程及产品质量方面共同努力，以达到 GE 全球市场的要求；第三是作为 GE 总部之外最大的培训发展中心，为公司的员工成长提供业务和领导力培训，为 GE 的客户提供技术和管理培训，以建立和巩固战略伙伴关系。可以说，GE 中国全球研发中心在客观上能够发挥促进本土企业产品技术水平及新产品采用能力和速度提高的作用。再比如，朗讯贝尔实验室先进技术院负责旗下在中国项目的招募、管理、培训和支持与朗讯签约的合作伙伴。朗讯科技贝尔实验室为与朗讯正式签约的合作伙伴提供全方位的服务与支持，包括结合每年的市场特点，举办一系列的市场推广活动。同时，也为合作伙伴举办市场推广活动提供支持与服务；不定期为合作伙伴举办技术、产品、商务、市场、服务等方面的培训，使其成为朗讯系列解决方案经过培训、测试和认证的专家。

此外，跨国公司研发机构也同本土企业的研发机构进行合作研

① 沈新华，黄蕾：《40 亿元研发资金能否治愈中国汽车技术之痛?》，《解放日报》，2005 年 1 月 26 日第 17 版。

发，集合双方的资源共同研发新技术、新产品，这种活动无疑对双方提高技术水平、加快新产品开发和推广有益。例如，EDA 软件提供商 Synopsys 上海研发中心同中芯国际（SMIC）合作，把中芯国际在开发先进硅工艺技术方面的强大实力与 Synopsys 在 EDA 软件工具方面的优势相结合，共同服务于双方客户对设计的要求①。

3. 丰富了本土的科研成果

近些年来，跨国公司在沪研发机构产生了大量的科研成果，包括专利和论文、新产品等。跨国公司非常重视知识产权申请和保护。跨国公司在中国申请了大量的专利。自 1985 年我国专利法实施以来，国家专利局累计受理的发明专利申请为 28 万多件，其中国内申请占 46%，国外申请占 54%。在国内申请中，企业申请占 17% 左右；而国外申请中，企业申请比例高达 93%。通过简单的换算，可以发现，15 年来，我国企业的发明专利累计申请量约为 2.2 万件，而外国企业申请了 14 万件，是国内申请量的 6.4 倍。在目前近 5 万件中国授权的发明专利中，国外公司占了 60%，外国申请在有些高技术领域还占据了垄断地位。如光学记录领域外国申请所占比例为 95%，无线电传输占 93%，信息存储 93%，移动通讯 90%，通信技术 85%，核物理及核工程 83%，有机化学 79%；在西药、通用计算机、遗传工程和废气净化等方面申请的比例，都在 65% 以上。在跨国公司申报的专利中，有相当部分是由其在华研发机构产生的。例如，上海贝尔阿尔卡特技术中心 2004 年内部发明 250 项，其中根据市场价值选择 62 项申报了发明专利。

---

① 王思斯：《Synopsys 扩建上海研发中心，高度关注中国市场》，《电子设计应用》，2004 年第 7 期，p. 119。

4. 提高了本土人力资源素质

跨国公司研发机构中有不少会对员工进行国际培训（包括把研发机构员工送往国外培训、聘请外籍专家到研发机构对员工进行培训等形式）、对研发机构员工及相关企业员工进行技术培训、培养高校合作单位师资及学生等。此外，跨国公司研发机构中人员构成较为多元化，一般会有来自国外及国内各地的科研人员，这种多元化的人员构成不仅有助于本土研发人员学习跨国公司的先进技术知识，而且有助于意会知识的交流，从而促使研发人才更快成长。以泛亚汽车技术中心有限公司为例。泛亚共有 800 名左右工程师、设计师及技师。通过"派出去、请进来"的人员培养方式，泛亚的研发水平得到不断提高——大部分中方技术人员曾在通用汽车公司澳大利亚、德国和美国的设计、工程中心接受过专业培训；而来自海外的长期/短期工程专家为泛亚带来的不仅有全新的设计理念、技术，还有系统化的运作方式。人才素质的提高，促使了通用汽车的先进技术和专业管理能力与上汽对中国国内市场的经验的充分融合。再例如，上海大学中瑞联合微系统集成技术中心 2003 年 10 月 27 日成立以来，每年培养硕士 10 人，博士 6~7人，联合培养博士 5 名。再比如，原朗讯贝尔实验室高级副总裁、中国及亚太区总裁许浚博士在谈到对跨国公司在华设立研发机构的看法时，曾说道："这绝对是双赢的。我们到中国来当然对我们有好处，而这对中国，不仅对国家，而且对这些受雇的员工也是一个难得的机会。我们基本上是把贝尔实验室的管理机制带来，并且将其本地化，适合中国的国情。贝尔实验室在中国的研发机构成立至今也不过四年，可是这里的中国员工的工作能力已经与美国同行不相上下。"①

----

① 江世亮：《容忍失败　追求卓越——原朗讯贝尔实验室高级副总裁　中国及亚太区总裁许浚博士谈创新》，《文汇报》，2000 年 12 月 23 日第 8 版。

5. 人员流动及合作带来的意会知识的扩散

主要包括由于人员在跨国公司研发机构与本土研发机构之间的流动和跨国公司研发机构与本土研发机构之间进行合作研发时参与研发活动的人员之间的交流与合作。从跨国公司研发机构流入本土机构的人尽管目前还相对较少，但假以时日，这种人员流动是难以避免的。人员流动带来技术扩散的现象可以通过发生在北京的一个实例来予以说明。2002 年，7 位前英特尔中国研究中心的核心技术人员集体跳槽到中科院声学所，创建中科信利语言实验室①。其中颜永红曾任英特尔人机界面总框架师、中国研究中心主任、首席研究员。中科信利语音实验室目前已成为国内规模最大、实力最强的语音研究机构，受国家百人计划、863、973 和自然科学基金等资助，自成立以来，赢得国家举办的所有语音评比测试，相关技术和产品已获得 18 个专利和 10 个软件著作权。2005 年 1 月，英特尔推出全球首款成人/儿童双模式电脑，其中使用了中科信利资助知识产权的语音识别引擎与口语学习评估引擎。当时，面对众多国内外厂家竞争，中科信利力挫群雄，先后以各项指标最高分通过英特尔和应用软件厂商的测评，并最终以不低于国外一流大厂商的价格获得英特尔大单，成为英特尔语音技术的战略合作伙伴。这标志着中国语音识别技术超越国外同行，开始进入国际竞争市场。

6. 市场竞争压力间接导致本土企业提高研发水平

有相当部分的跨国公司在沪设立研发机构的目的都包括支持地方生产，以及研发更适应中国市场需求的产品，这种技术支持使跨

---

① 王学锋：《看好国内发展前景 Intel 研发团队跳槽中科院》，《北京晚报》，2002 年 11 月 25 日第 1 版。

国公司在华分支机构在中国市场以及国际市场上的竞争力更强，无形中增加了国内外市场的竞争激烈程度，对中国国内企业带来了更为严峻的挑战。为了应对跨国公司的挑战，本土企业必须努力加强研发力量，提高自身的技术水平。无论是采用设立和完善企业内部的研发机构，还是加大与外部研发机构的技术合作、乃至采取技术外包、技术引进等措施，都有助于本土企业提高研发水平。可以说，跨国公司设立离岸研发机构的行为本身能够起到刺激本土企业加强研发能力的作用。当然，这种刺激到底有多大，还取决于本土企业自身。

以中国汽车业为例。技术一直是中国汽车业的"痛"。走了 20 年"市场换技术"的路，技术的进步却十分缓慢。潜心于市场开拓的合资汽车公司，以往在对其中国合作伙伴的"技术帮助"问题上始终讳莫如深。从 2004 年起，外资公司在华建立研发中心的消息纷至沓来。通用汽车 2004 年 6 月宣布向上海泛亚汽车技术中心再注资 21 亿元；丰田先后设立了 2 家研发中心，包括丰田技术研发（上海）有限公司和丰田技术研发交流广州有限公司；大众汽车也在研发中心上再次增资。该年 12 月初，东风与康明斯宣布合作研究发动机；东风与日产合资的乘用车研发中心在广州花都奠基；戴姆勒 – 克莱斯勒、现代及本田等也都表示将在中国投入巨资建立研发中心。跨国公司研发中心的设立，使中国汽车业的市场竞争更趋激烈，这种竞争不仅发生在三资企业之间、三资企业与国有企业之间，中国民营企业更是迅速做出了回应。其中奇瑞汽车是一个较为典型的案例。为了应对市场竞争的加剧，奇瑞在 2003 年年初就成立了汽车工程研究院，对汽车技术进行全面深入的研究。奇瑞的发动机项目是与奥地利 AVL 公司合作开发；同时，还与国外公司进行变速箱项目合作开发和与欧洲设计公司合作进行整车项目开发①。目前，奇瑞公司每年投入的研发经费占销售收入的 10% ~ 15%，已经具有了自己的核心竞争力，在一定程度上改变了中国民族汽车工业在核心技术上受制于人的局面。

7. 跨国公司研发机构的示范效应

长期以来，由于体制因素的制约，中国国内企业不注重研发活动，在国内的整体研发体制上存在科研和生产两张皮现象。直到今天，企业仍未成为研发活动的主体。跨国公司设立离岸研发机构，使东道国政府和企业都更加深刻地感受到研发活动对企业竞争力的重要性，并能够从跨国公司研发活动中更直接地学习怎样运营企业的研发机构。也就是说，跨国公司研发机构对本土而言具有示范效应。在中国汽车业，泛亚投资高达 21 亿元，而民营汽车企业吉利建设的吉利汽车研究院的投资虽然仅有 3.5 亿元，但起码证明，同合资公司一样，民营企业也在致力于研发。无论如何，有一点是不能被忽视的，那就是：民营企业踮起脚尖投入资金之后，任何卓有成效的成果都有可能为我国汽车工业摆脱技术困境带来立竿见影的效果。

8. 跨国公司研发机构导致的环境优化效应

跨国公司设立研发机构要求东道国提供一定的政策和环境条件，以满足开展研发活动的需要。这种政策条件和环境条件的改善，同样有助于本土企业和科研机构开展研发活动，因而，笔者认为，跨国公司研发机构的进入，起到了优化本土研发环境的效应。

---

① 沈新华，黄蕾：《40 亿元研发资金能否治愈中国汽车技术之痛?》，《解放日报》，2005 年 1 月 26 日第 17 版。

二、影响跨国公司在沪研发机构技术扩散的因素

1. 跨国公司研发机构本身性质及规模对其技术扩散能力的限制

跨国公司在沪研发机构中，有相当部分的设立动机是接近地方生产机构，为生产单位提供技术支持，以及针对中国市场开展针对性和适应性开发。以开发性质为主的跨国公司研发机构与本土互动的动机较弱，其技术扩散效果也较弱。同北京相比，上海在知识创造能力方面较为薄弱。2010 年，上海市在发明专利的申请受理数量上的排名落后于江苏、广东和北京，位次落到全国第四位，在发明专利的授权数量上的排名落后于广东、北京和江苏，也仅排在全国第四位。在《中国区域创新能力报告 2011》的综合排序中，上海知识创造能力综合值虽排名第二，却远远落后于北京①。为了利用北京的科技资源，尤其是在基础研究方面的研发资源，跨国公司在北京设立的研发机构主要以研究性质的为主。而上海雄厚的制造业及完善的生产网络则是跨国公司在沪设立研发机构时所考虑和注重的重要方面。以开发为主要职能的跨国公司研发机构的技术扩散能力是较为有限的。仍以汽车业为例。据同济同捷汽车设计工程研究院院长雷雨成介绍，作为全球研发体系的分支，汽车公司在中国研究中心所能起到的作用十分有限。在汽车公司渐渐明白"本土化"是打开中国市场卓有成效的策略后，本土化研发与车型本土化改装、经营理念本土化转变一样，都是外资公司出于更好地适应中国市场特殊环境而作的战略部署。因此，这样的本土化研发中心，即使有较

---

① 中国科技发展战略研究小组：《中国区域创新能力报告 2011》，中国知识产权出版社，2012 年 7 月。

大的投资规模，在跨国公司全球研发体系中的地位也不低，但所能做的更多的是引进车型的适应性改造，或者产品质量的监控而已。另外，从各个合资公司投入研发的费用来看，目前全球一款普通乘用车的整车设计费用就达到几亿美元，而中国的研发中心，不管是东风、戴姆勒－克莱斯勒还是本田、丰田，一般的投资也就 5 亿元人民币以内。单从投入资金来看，与国外动辄数亿美元的研发中心相比，目前国内的研发中心是否具有整车研发能力就值得置疑。雷雨成认为："合资公司兴起研发热，表面上看是响应中国自主开发的政策，然而到底中方能从中学到多少核心技术，都不得而知。"① 尽管近年来跨国公司在沪设立研发机构有向研究方向移转的倾向，但是加强上海及长三角的研发水平，吸引更多的高素质人才的集聚，仍是促使跨国公司在沪研发机构性质转变和扩大规模的必要条件。

2. 本土创新主体技术水平与跨国公司研发机构技术水平之间落差过大导致的接收后者技术扩散能力的不足，影响了技术扩散的效果

技术扩散效果最好的条件之一是扩散源与扩散汇之间存在一定的技术落差，但落差又在一定的范围内，如果落差过大，扩散汇就缺乏接受扩散的能力。在很多领域，上海本土企业的研发能力和技术水平同跨国公司研发机构存在较大的差距，缺乏同跨国公司进行合作研发的条件；如果接受跨国公司研发机构提供的新技术、新产品、新设备，则缺乏将新技术进行消化、吸收、再开发的能力，只能陷入"引进－落后－再引进－再落后"的恶性循环，也就是说，缺乏有效接收跨国公司研发机构技术扩散的能力。笔者曾对中国国

---

① 沈新华，黄蕾：《40 亿元研发资金能否治愈中国汽车技术之痛?》，《解放日报》，2005 年 1 月 26 日第 17 版。

有企业研发能力进行过问卷调查，调查对象为国有企业的总经理。在"同跨国公司研发机构合作的障碍"一项中，很多受访者的回答是：本企业技术水平较跨国公司落后太多，不具备对话的平台。中国轿车工业的发展可以从一个侧面反映出由于与跨国公司技术水平差距过大而导致的接收技术扩散乏力，甚至丧失自主研发能力的现象（见专栏9－1）。可见，技术水平差距过大，已成为本土企业同跨国公司研发机构进行合作的明显障碍。解决这个问题只能从营造有利于企业开展研发活动的外部环境，加快本土企业研发水平提高入手。

专栏9－1 中国轿车工业丧失自主研发能力

如果不提奇瑞、哈飞等，中国几乎没有自己的国产轿车，也几乎丧失了轿车的自主研发能力，这是一个令人悲哀的现实。

中国的汽车工业已有50年的发展历史，但在轿车生产上，至今仍以组装外国品牌为主。由于特定的历史制约，前30年，中国汽车工业的自主研发主要集中在载货车，轿车工业自主研发的基础十分薄弱。30年间只有小批量生产的"红旗"和"上海"两个品牌车型。从1984年起，中国汽车工业开始走上合资之路。

令人遗憾的是，20年的合资史，带来的并不是中国汽车工业的大发展。相反，中国汽车工业原有的自主开发能力几乎丧失殆尽。长期在国家政策庇护下的大型国有汽车企业，没有因合资而掌握国外的先进技术，原有的研发技术中心相继解散，使企业丧失了自主产品开发平台，陷入了国外技术的"合资陷阱"。一个明显的标志，在合资的20年间，中国汽车工业三大巨头——一汽、二汽和上汽，没有开发出一款具有自主品牌、自主知识产权的国产轿车。

改革开放初期，我国的汽车企业大多规模小、技术水平低、专业化程度低。正是这种与世界发达国家汽车工业的巨大差距直接导致了"高起点、大批量、专业化"方针的提出，而在当时的条件下要贯彻这一方针，自然倾向于依赖引进外国的先进技术。由于国外企业并不愿意轻易转让产品技术，所以这种引进又逐渐导致合资模式的产生。

从1984年北京汽车制造厂与美国 AMC 合资成立北京吉普开始，上海大众、广州标致等合资公司陆续成立，到20世纪90年代初，一汽和二汽也相继走上了合资之路。

20年合资史，提升了我国汽车工业的整体实力，满足了刚刚启动的国内汽车市场需求，一定程度上缓解了进口汽车对中国汽车工业的冲击。

但合资的本意是希望"以市场换技术"，在出让市场的条件下，引进外国企业先进的产品技术，然后通过"国产化"吸收这些技术，进而实现自主开发。而事实是，对中国汽车工业技术进步路径的这种理论假设并没有达到预期的目标。

——在中国汽车企业无力通过自主开发提供竞争性产品的情况下，合资方在合作中都采取了延缓产品升级换代的拖延战术，以使其"利润最大化"，并始终不愿在品牌营销和价格制定等方面放松控制权。国家科技部研究中心金履忠等专家对移动通讯设备、数控机床、芯片、软件、轿车等产业的研究表明，合资企业中，外方提供给中国的技术，大多是已经进入成熟期甚至已经开始衰退的技术。上海大众引进的桑塔纳车型刚一投产，外方母公司就淘汰了这个车型，而这一品牌在中国却继续生产了近20年，直到90年代末才又引进了桑塔纳2000和帕萨特等新车型。合资企业的外方人员掌控了企业产品技术的控制权即终端产品的设计确认权，中方技术人员连改动图纸上一个螺丝帽的权利都没有。

——由引进产品技术所产生的零部件国产化压力使中国企业对外国产品技术的依赖越来越深，不但不再对产品开发投入资金，而且把技术研发机构合并到国产化服务的机构中，甚至拆散研发中心，其结果造成了中国企业原有的自主开发能力逐渐萎缩。

经过 20 多年的快速发展，制约我国汽车工业发展的主要瓶颈已不再是生产制造水平和车间现场管理，而是产品开发的能力差距。

产品开发能力是汽车工业技术的核心，具备强大的产品开发能力是汽车工业实现"自主发展"的关键。作为汽车工业发展的后起国家，不仅要引进发达国家汽车工业先进的制造技术和工艺，更重要的是逐步形成自主的产品开发能力和强势汽车品牌。

资料来源：孙英兰：《中国轿车工业丧失自主研发能力》，《瞭望新闻周刊》，2005 年 8 月 1 日第 31 期。

3. 本土创新主体技术水平与跨国公司研发机构技术水平之间的落差过大导致的市场竞争不足，致使跨国公司母公司不将公司先进技术转移给在沪的研发机构，以及在沪研发机构不从事高层级的研发活动，从而影响了技术扩散效果

竞争适度的产业组织结构有利于促使企业增加研发投入，提高技术水平。在上海，不少行业存在着由外资企业或者合资企业垄断或一枝独秀的局面，本土企业的实力同非本土企业存在较大的差距。近几年，在上海工业企业中，500 强企业中的"三资"企业单位数有逐年提高的趋势。1999 年，500 强企业中的"三资"企业有 149 家，2000 年是 161 家，2001 年则扩大到 247 家。2001 年度，无论是在前 500 位企业中，还是在前 100 位企业中，"三资"企业都占了约

2/3 的席位，在一些高新技术领域，这个比例更高。如排进 500 强工业企业的 76 家电子及通讯设备制造企业中有 70 家是"三资"企业，52 家交通运输设备制造企业中有 33 家是"三资"企业，分别占 92% 和 63%[①]。这些数据在一定程度上反映了上海国有和民营工业企业在实力上同"三资"企业的差距。有鉴于此，如果非本土企业之间存在较为激烈的竞争，而本土企业没有能力同他们竞争，则技术扩散更多地发生在非本土企业之间。如果少数外资企业呈垄断态势，而产品又是针对中国市场的，则这些跨国公司倾向于不向其在华生产单位转移公司先进技术，就会造成技术扩散乏力。例如，作为中国首家中外合资的汽车研发中心，泛亚汽车技术中心的研发成果不可忽略。但中方对于关键性技术的掌握仍十分有限。泛亚汽车技术中心成立于 1997 年。经过这几年的发展，泛亚汽车技术中心分别完成了麒麟、鲲鹏两大概念车的制造，同时，也将赛欧和别克君威的改造任务接手并顺利投产。但令人遗憾的是，在汽车关键部件的设计上，该中心取得的成果却寥寥无几。由于研发多数集中在车型的改装和内饰的调整上，中方实际掌握的核心技术研发能力其实并没有多少[②]。

4. 技术扩散渠道单一及带宽有限妨碍了跨国公司研发机构技术扩散的效率和效果

目前，跨国公司在沪研发机构同本土互动的渠道较少，方式也不够多，这些都会妨碍其技术向本土的扩散。目前跨国公司研发机

---

① 范海鸥:《稳步前进，展示行业排头兵企业风采——2001 年度上海行业经济统计排序资料分析》,《上海统计》, 2002 年第 9 期。

② 沈新华、黄蕾:《40 亿元研发资金能否治愈中国汽车技术之痛?》,《解放日报》, 2005 年 1 月 26 日第 17 版。

构技术扩散的主要途径有：技术转让、合作研发、向上下游企业提供新产品、向相关企业提供技术服务和技术咨询、人员培训、人员流动、参加研讨会、发表论文等。一般来说，跨国公司对先进技术不会轻易转让，而是倾向于转让较为过时的技术。这样，本土企业通过转让获得的技术可能距世界先进水平有较大差距。在经济全球化时代，使用这样的技术生产的产品，在国际和国内市场上是缺乏强劲的竞争力的。合作研发主要发生在跨国公司研发机构同大学和科研机构之间，这样的技术距离最后的商业化还需要经过较多的环节。其他包括高校学生培养、举办研讨会、发表论文等都较为偏向基础研究部分。而人员流动则存在本土人才向跨国公司研发机构单向流动的问题，从后者回流的相当少，在技术扩散方面还较为薄弱。因此，采取措施拓宽技术扩散渠道和带宽，将是今后需要解决的一个问题。

5. 企业创新主体地位尚未确立导致的创新成果的转化效率不高，影响了跨国公司研发机构技术扩散效果

尽管越是接近基础研究部分，跨国公司研发机构同本土互动的动力和可能性越大，技术扩散的可能性也越大，但是这些技术是否能够最终实现产业化，还主要由企业来决定。另外，企业较早参与研发过程，也有利于新技术的商业化。资料显示，21 世纪初全国大中型企业中有 71% 没有技术开发机构，2/3 没有技术开发活动，特别是航空设备、精密仪器、医疗设备、工程机械等具有战略意义的高技术含量产品 80% 以上尚依赖进口；即使一些国企引进了技术，但是消化吸收和二次创新能力明显不足[①]。企业研发力量不足，就难

---

① 王红茹：《七成国企无研发机构，创新缺失越引进越落后》，《中国经济周刊》，2006 年 1 月 23 日。

以介入同跨国公司研发机构的合作项目，并在其中发挥自己的作用，从而必然影响跨国公司研发机构的技术向本土的扩散。尽快确立企业创新主体地位，提高企业自主创新能力才是解决这一问题的根本途径。

6. 知识产权保护状况的不尽如人意，导致跨国公司研发机构缺乏从事高水平研发活动的动力，影响扩散效果

研发活动的成本需要从研发成果转让，包括在本公司生产单位中商业化及向企业外部转让中得到补偿。如果知识产权保护力度不够，则经济利益对研发活动的激励效果就会被削弱。在合作研发活动中，合理的制度安排将是保证研发活动得以完成、获得满意的研发效果的必要条件，而这些都需要有明确、严格的专利制度来保障。目前，跨国公司对中国的知识产权保护状况仍存在疑虑，从而会减少同本土的互动。

7. 技术扩散能动主体存在的问题也限制了跨国公司技术扩散效果

人是技术扩散的能动主体。技术人员的国际化程度、由于收入差距导致的人员从本土向跨国公司研发机构的反向流动、跨国公司研发机构与本土创新主体之间人员流动和沟通的不便捷、不通畅都可以归入这一类型。目前，跨国公司研发机构无论从研发的硬件条件、工资收入、人均经费、招聘人员力度等方面都要优于本土企业研发机构，这就导致优质人力资源向跨国公司研发机构的过度集中，而很少有反向的人员流动。这种人才流动方式将由人这种载体承载的跨国公司研发机构的技术扩散降到很低的水平。充分发挥人的能动作用，采取多种的人才流动政策，拓宽人员交流途径，才有可能真正发挥人在技术扩散中的作用。

专栏9-2　跨国公司在中国的人才投资战略

"没有什么比企业的招聘更重要"，比尔·盖茨曾这样感慨过。跨国公司都会通过各种形式的招聘工作来招揽人才。

对于高级人才，跨国公司的态度不是简单的"支付"，而是一种"战略投资"行为。微软亚洲研究院曾经宣称要吸引100位顶尖中国科学家，而摩托罗拉更是增加了100亿的投资，广揽人才。在华跨国公司的薪酬价位非常惹眼，使得很多包括国有企业在内的人才为高薪所吸引，大量地流向外资企业，流向跨国公司。

另外有很多跨国公司不单单看中了现成的成熟人才，很多还从接收应届毕业生开始，这样高等院校也成为跨国公司争夺人才的战场。一到秋季，奔驰、通用电气、IBM、摩托罗拉、宝洁等国际知名大企业频繁地在高校中施展各自魅力，以全国重点高校为重点，有目的、有针对性地吸纳人才，已成为一些跨国公司的普遍做法。每年最早进入高校开招聘会的往往是外企，最早和学生签约的也是外企。对待招聘的积极程度，某种角度也体现了外资企业对于人才的态度。

有些跨国公司从毕业生招聘工作开始就注重其素质的筛选，以获得所需要的人才，甚至这种人才争夺实际上很多是在幼苗时期就开始了，比如包括在一些重点中学，有一些跨国公司开始设立奖学金进行人力资本的投入；还有包括设置一些研究机构，设立一些培训中心，通过本土的人才来塑造自己企业所需要的人才。

由于对招揽人才的重视，跨国公司在这方面取得了显著的成绩。国家人事部人事与人才研究所一项有关我国人才工作十大问题的研究显示，目前已有来自14个国家的400多家世界500强企业在华建立了研发机构，其中以朗讯麾下的贝尔实验室规模最大，拥有科研人员500

多人，其中具有博士、硕士学位的达96％；微软中国研究院的60多名研究人员中，20名有国外留学背景，40名是中国著名学府的博士；IBM公司中国研究中心的60多名研究人员全部具有硕士或博士学位。

资料来源：钟懿辉：《在华跨国公司技术和人才投资分析》，《中国外资》，2004年第10期。

8. 政策环境不够优化也在一定程度上妨碍了跨国公司研发机构的技术扩散

鉴于研发活动溢出效应的存在，政府应对跨国公司研发活动的溢出效应给予合理的补偿。这样的政策包括政府在鼓励跨国公司研发机构同本土互动方面的补偿措施和补偿机制是否充分和完善，在鼓励本土研发主体积极同跨国公司研发机构进行合作的组织和制度安排是否科学、合理，以及是否在空间上为跨国公司研发机构同本土互动提供了便利，这些都是影响跨国公司研发机构技术扩散的因素。上海现有的研发政策措施，主要存在以下问题：（1）对产业基础研究和前竞争开发活动之后的科技成果应用、市场导入和产业化进行资助，不同程度地超出了WTO"绿灯条款"保护的范围。在市场经济体制下，研发成果应用、市场导入和产业化阶段，并不是市场严重失灵领域，政府对其很少干预或资助，往往由市场来解决其投资问题。但是，如果依靠市场力量来配置纯基础研究、产业基础研究和前竞争开发活动的资源，将出现严重失灵，因而政府应对研发进行补贴，增加企业对研发投资的意愿，从而使市场上的研发投资接近社会最佳水平。（2）研发投入以政府直接投入为主，没有形成激励企业加大研发投入并成为技术创新主体的机制。（3）通过直接的金融措施、财政刺激和支出手段进行，较少采用对研发中介机构、政府对研发的采购等方面的间接的公共支持。（4）在推动跨国公司研发机构同本土互动方面力度不大。目前的政策主要仍集中在吸引跨国公司研发机构方面，而对鼓励跨国公司研发机构同本土互动的制度安排尚缺乏考虑。（5）侧重政策的"优惠"，与全面优化研发环境的要求还存在较大距离。

9. 技术扩散中介体系不完善也影响了跨国公司技术扩散的效率和效果

目前，上海的技术中介经营体系尚不够健全，知识型服务业发育不够完善，在承担技术扩散中介职能的力量上还相当薄弱。在国外，有很多名牌科技中介机构，如美国国家技术转移中心（NTTC）、德国弗劳恩霍夫应用研究促进协会（FhG）、日本关西 TLO 公司、英国技术集团（BTG）等，在促进技术扩散方面发挥着重要作用。上海应对技术中介体系建设给予足够的重视，通过有力的政策措施，大力鼓励生产服务型企业的创业活动。在鼓励多形式、多层次、多种所有制共存，搞活技术市场经营的基础上，提倡以会员制或股份制和中外合资等方式，对技术中介服务机构和技术经营机构进行结构性改造，形成一批资本多元化和非集中性的新型技术中介机构。由此激活部门所有和行业所有的中介服务机构，使它们更好地面向市场，提高服务质量。此外，还应大力加强各类相关的培训活动，提高对技术中介服务活动的认识水平和实践能力。要把培养技术经纪人作为促进技术市场发展的一项基础性工作。全面提高从业人员的业务水平和素质，造就一批高素质的技术经纪人队伍。此外，还应加快交易市场的管理创新，转变各级技术市场管理部门或管理机构的职能，建设日益完备的服务体系，包括科技评估机构、科技招投标机构、情报信息机构、知识产权事务机构等。

三、警惕逆向扩散问题

需要特别提出的是，跨国公司设立研发机构，也会带来一定的负面影响，其中，技术的逆向扩散问题必须得到决策者的足够重视。

首先，是研发人才的逆向流动。创新必须以人为本，研发队伍是技术创新的前提和保证。但是，无论从政府的优惠政策上还是研发主体的个人行为上，我国科技人才向外资研发机构流失的现象越来越严重。政府给予外资研发机构的优惠，推动跨国公司在境内设立研发机构，其对于区域经济发展和提升科技竞争力的重要性毋庸置疑，但是外资在境内设立研发机构也开始了一场高级研发人员和管理人员的争夺。外资在沪设立研发机构，直接造成研发资源的流失，使得原本就创新不足的中资机构更加缺乏创新人才。而由于外资的高薪和良好的工作环境，研发人员也积极向这些外资机构流动，并且，流走的大部分是已经有一定的研究成果和有经验的优秀人才。尽管有人认为，这些人才在一段时间内有可能再次回流进入本土研发机构，因而不能算是人才的流失。笔者认为，这种观点值得商榷。人才在跨国公司研发机构与本土之间的合理、双向流动无疑是对双方有益的，但是如果从其中一方向另一方的单向流动过强，则将使流出一方的力量遭受较为严重的削弱，起码在较短的时间内这一影响会更加显著。因此，如何采取措施促进人才的双向流动，而不是从本土向跨国公司研发机构的过于严重的单向流动，仍将是决策者需要重点考虑的问题。

其次，是本土科研成果的逆向流动。与人才的流动相比，这种流动更为隐蔽，也更不易被觉察。前已述及，目前有很多跨国公司研发机构热衷于通过资助项目与本土的重点实验室、研究基地、大学等进行合作，但在合作成果的权属和成果转化方面，本土往往很难得到自己应得的权益，致使在合作的过程中，本土研发机构单纯地充当了跨国公司的研发部门，从而大大削弱了本土从合作中获得技术扩散的效果。

另外，由于我方的研发人员对专利制度的认识不足，以及专利申请、管理和保护上的繁琐，研发人员非常愿意接受以高价的研发费用换取专利申请权放弃的条款。在这个问题上，不能一味指责研发人员，而是应当建立高效率的专利管理体系以及严格的合同审查制度，在大学、公共研究机构对外的合作项目中，应当有专门的机构管理合作协议的签订，要求合同管理人员对专利制度以及专利战略有深刻的认识，才会使得合同审查有实质意义。目前这种合同的审查或是空白或是流于形式。

以项目资助的方式获得大学以及公共研究机构的研究资源不仅反映在技术资助项目上也反映在其他非技术项目的资助上。以某大学接受港资企业资助科研大楼为例，港资企业仅资助部分建筑经费，除要求整栋楼的冠名权外，还要求楼内实验室的设置控制权，更为过分的是还要求对实验室中的研究项目的知情权以及研究成果的知识产权的共享权。像这类合同的签订，一般不会经过技术合同管理部门的审查，如果相关的管理人员没有注意到其中的知识产权问题，其后果可想而知。类似这样的案例还有很多，其中我们必须引起注意的是外商投资的目的更多的是要获得未来的知识产权的回报，而我们仅看到的是眼前的资金回报。

必须看到，如果我们从"贴牌生产（OEM）"向"贴牌研发（ODM）"发展，那么后者带来的隐患更为严重。

第 十 章

促进跨国公司在沪研发机构与本土互动及技术扩散的政策建议

促进跨国公司研发机构同本土互动及技术扩散，需要从以下三个方面入手：首先，提高供方的技术创新能力，也就是吸引更多的跨国公司研发机构并促使其升级及提高运行效率；其次，增加技术传递渠道的带宽、缩短技术供方和受方之间的距离，保障技术传播渠道的通畅；再次，提高受方的引进吸收能力，也就是提高地方创新体系的运行效率。另外，降低本土研发资源向跨国公司的过分逆向流动风险也是需要考虑的重要方面之一。本章将从这四个方面提出政策建议。

一、鼓励跨国公司在上海设立研发机构，尤其是高层次的研发机构

1. 设立专项基金，鼓励符合产业政策的跨国公司在沪设立高层次的研发机构

研发机构的设立和转移需要较多的资金，同时，也会面临一定的风险。为了降低跨国公司的这种风险，可以由政府提供一定的资金资助，以增加本土对跨国公司研发机构的吸引力。可以根据上海

的产业政策，筛选具有战略意义的产业，有针对性地设立专项基金，为这些行业的跨国公司设立研发机构提供资助，从而吸引更多的跨国公司研发机构在上海的集聚，尽快建立上海在这些领域的技术地位。

2. 主动提供服务，诱导跨国公司在沪设立研发机构及对原有研发机构进行升级

建立公共技术支持制度。通过对科研院所和大学研究室提供资金支持，要求这些机构为跨国公司提供可能的技术支持，以解决跨国公司在沪生产机构及小规模研发机构技术力量不足的缺陷。有些跨国公司在上海尚未设立研发机构，但是又需要一定的技术支持，针对跨国公司的这一需求，可以鼓励公共技术支持机构主动提供技术支持和帮助。利用此措施来诱导跨国公司提高在沪生产机构的技术水平、设立研发机构及对原有研发机构进行升级。

3. 吸引国际研发人才，并进一步实施更加灵活的人才政策，为跨国公司在上海设立研发机构提供尽可能充足的人力资源供应

创新的源泉在于人的智慧，因此，政府可通过建构良好的环境及开展强势的招聘活动，积极招募国际研发人才，以解决知识经济环境下诸多产业面临的跨领域人才不足问题，并促进人力资源与国际接轨。主要可以采取以下措施：（1）招揽海外科技人才；（2）吸引外国留学生；（3）鼓励国外留学；（4）大学国际化。

专栏10-1　新加坡的人力资源政策

充足的高素质人才是吸引跨国公司 R&D 的必备条件。作为一个非常小的经济体，只有320万人口的新加坡始终面临着缺少高水平研究队伍的困扰。新加坡政府在过去20年中一直把开发人力资源置

于最重要的地位，并采取了许多具体措施，包括：

第一，人才培训措施。为了缓解技术人员短缺的矛盾，新加坡政府采取了一系列措施。为了满足产业发展的需要，新加坡国家科学技术委员会（NSTB）同企业、大学和研究机构联合起来开展培训项目和提供培训课程。为了帮助企业获得并建立起在研发方面的能力和技术水平，为科技企业家提供研究生课程的学习机会，NSTB 推出了"人力资源科技升级项目"。这个项目包含两个部分的内容：一是为具有一定基础的员工提供到当地公司或海外公司的暂住实习机会；二是提供学习津贴，资助企业中的研究人员到当地或海外的大学进行研究生培训。

第二，人才招募计划。NSTB 不仅致力于吸引海外精英来到新加坡，也引导本地人才向科技产业领域集中。为此，政府推出了许多项目，其中有研究生培训项目，吸引外国专家项目，"淡马锡"教授项目，劳动者通行证和住房辅助项目。

第三，人才奖励机制。NSTB 在每年的科技月中都会奖励那些为新加坡科技发展作出突出贡献的公司和个人。奖项共有 5 个：（1）科技成就奖。它是由 NSTB 颁发的涉及面最广的一个奖项。获得奖励的企业必须具备三个条件：一是企业在提升本企业层次的过程中，成功地开展了与提高本企业竞争力相关的研发活动；二是吸引了新的投资；三是要对新加坡出口作出重要贡献。这个奖项由 NSTB、新加坡经济发展局（EDB）、Arthur Andersen 经济咨询公司，以及新加坡发行量最大的报纸——《海峡时报》共同创办。获得这项奖励的公司会被认定为企业中的精英。在合作担保中，这些公司可以使用这个奖项来表明他们是新加坡企业中获得此殊荣的优秀企业。当地的媒体也会对此大加宣传，向公众介绍这些获奖企业。（2）国家科技奖。这个奖项用于奖励那些在基础科学研究（包括科学、工程学、医药）方面作出突出贡献的科学家和工程师。（3）国家技术奖。这个奖项用于奖励那些促进研发成果产业化过程中的研究人员和科学家。受奖励者可能改良了生产某一产品的关键步骤，或者运用已经存在的技术来开发新的或改良后的产品，使这些产品更具有商业价值。（4）国家科技奖章。用于奖励那些通过推动和管理研发而对新加坡经济作出贡献的个人。（5）青年科学家奖。这一奖项用于奖励年龄在34岁以下的青年科学家，这些科学家中，有的是积极从事研发活动，有的是在其所研究领域中具有达到世界水平的潜质。

二、提高本土研发能力和技术成果的吸收、转化能力

1. 鼓励本土企业设立研发机构，开展研发活动

（1）为上海及外地企业在上海设立研发机构提供财税优惠，并出台鼓励政策，使上海成为国内研发机构的集聚中心之一，藉此提高上海作为产业研发高地的声誉。

（2）鼓励本土企业开展研发活动，由政府为企业开展研发活动提供低息贷款，解决企业研发资金不足的问题。这是许多国家和地区普遍实行的一种鼓励政策。可以采取政府为企业研发投资提供减免税、补贴等办法鼓励企业增加研发投资。

（3）推动企业组成研发联盟。多家企业共同进行合作研究，有助于异业结盟、上中下游体系的建立及同业间在竞争前技术的合作，对促成新产业和传统工业之转型有很大帮助。

专栏10-2 澳大利亚激励私人企业研发活动的政策措施

与中国的情况相似，澳大利亚国家创新系统中存在的突出问题

是：（1）主要研究力量集中在大学和政府研究机构；（2）在研发活动中，企业界远没有占据主导地位；（3）政府研究机构和大学的研发活动与企业创新行为之间的相关性差。为了促进科学研究和经济发展之间的结合，从 1980 年代开始，澳大利亚相继采取了一系列措施。其中激励私人企业从事研发活动，全面提高私人企业的创新能力是一项主要政策措施。澳大利亚 1985 年发表了《国家技术战略》，其中针对促进和激励私人企业的研发活动采取了两项政策措施：一项是对合格研发活动 150% 的减免税政策；另一项是研发联合计划。

研发活动 150% 的减免税方案是 1985 年 7 月制定的。20 多年来，该政策在刺激私人企业增加研发投入方面收到显著的效果。研发联合计划是 1987 年 11 月开始实施的，目的是鼓励那些资源短缺，不足以单独进行研发项目的公司进行合作。这一方案的本质是提供巨大的税收优惠，主要是通过实施 100% 的研发减税，并对核心技术的收益和利息收入免税，其条件是研发项目须满足具有潜在商业需求的检验。因此，该计划对具有商业应用前景的研发项目提供了额外的市场启动资本，即公共资金以税收减让的方式投资于未来有更高增长和高税收收入回报的项目。一份关于对工业研发进行支持的经济和基础设施影响的评述报告认为："联合计划是一种独特的、非常有效的且花费较低的激励新研发活动的手段"。

资料来源：曾国屏、李正风：《世界各国创新系统——知识的生产、扩散与利用》，山东教育出版社，1999 年 5 月版。

专栏 10 –3　英国的阿尔维（Alvey）计划

阿尔维计划是英国政府为了促进英国信息技术产业的国际竞争力而实施的，主要方式就是通过鼓励英国企业合作研究开发来推动英国信息产业技术水平的提高，以改变英国在该领域国际竞争地位不断下降的局面。具体目标包括四项：其一，提高英国信息技术产业供应商的竞争力；其二，保证英国在商用和国防的关键技术领域中能够独立自主；其三，通过整合研究开发资源和鼓励学术界与工业界合作进行研究开发来加强英国的研究开发基础；其四，在各个赋能技术领域取得特定的技术目标。该计划始于 1983 年，整个计划的总投资为 3.5 亿英镑，其中工业界投资 1.5 亿英镑，政府资助 50% 的研究开发支出。结果，在 5 年的时间里，该计划先后支持了 198 项合作研究开发课题，每个项目平均持续时间 2 ~ 3 年，总计有 115 家企业、68 家学术机构以及 27 家政府实验室参与其中，平均每个项目有 3.9 个技术合作方。在该项目开始以前，参与该项目研究的英国工业企业很少进行旨在获得技术的研究开发合作，尽管这些企业中的绝大部分都是彼此知名而且 40% 的企业之间有产品或系统开发的合同关系。有 32% 的参与企业认为阿尔维计划对于它们与其他工业企业建立新的技术联系是非常重要的。有 20% 的阿尔维项目是由项目负责人指定企业进行联姻的。在阿尔维项目结束后，许多参与企业又与其他企业建立了合作技术开发关系。不仅如此，英国政府还实施了由贸工部负责的 LINK 计划，每年拨款 3000 万英镑用于支持企业间的策略性合作研究项目，并加强工业界与公共研究机构之间的联系，改进技术由研究机构向工业界的转移。如果企业间的合作研究开发项目被批准，则最高达 50% 的项目成本可以由政府承担。

资料来源：王春法：《经济全球化背景下的科技竞争之路》，经济科学出版社，2000 年 1 月版。

2. 促使本土科研院所树立产业导向，并建立更加灵活、高效的研发机制，提高科研院所的研发效率、研发成果的产业化能力和为企业服务的能力

3. 提高大学的基础研究水平和国际化水平，为产业研发提供长期知识支持和符合产业研发需要的人力资源支持，以及成为高水平技术交流的重要载体

（1）引导大学建立重点产业学院，为重点产业提供技术支持和专业化人才供给。

（2）鼓励大学举办和参加国际学术交流活动，组织和参与国际合作项目，使上海成为全球学术网络的亚太节点之一。

（3）更加重视发挥大学实验室的作用。增加对大学实验室的投资和项目支持，改善大学的基础研究环境，促使大学提高研发水平，同时，也有助于减少大学人才向跨国公司研发机构的过度单向流动。

三、加强跨国公司研发机构与本土互动，拓宽跨国公司技术扩散渠道，提高其扩散效率

1. 设立专项资金，资助有产学研三方共同参与的课题研究，并鼓励跨国公司研发机构参与申请。对课题成果的产业化效果进行评估，对产业化效果好的项目给予奖励。

2. 鼓励跨国公司研发机构对员工进行培训。采取补贴等政策，鼓励跨国公司研发机构对本企业员工和产业链上下游企业员工提供培训，提高这些员工的技术水平。

3. 进一步完善公共研发平台，为跨国公司研发机构和市内外的本土研发机构使用这些设施提供便利。

4. 鼓励跨国公司研发机构的实验室向大学生实习开放，使更多

的学生获得在世界一流的企业实验室工作和同一流研发人员交流的机会。

5. 发起和组织一系列研讨会，建立跨国公司研发机构的研究人员同本土学术界交流互动的平台。

6. 采取措施鼓励相关行业跨国公司研发机构及本土企业研发机构和科研院所的集中布局，并在这些聚集区提供公共活动场所，为加强他们之间的交流提供方便。

7. 充分发挥行业协会等非政府组织的作用，鼓励它们为加强跨国公司研发机构同本土的互动发挥积极作用。

8. 充分利用跨国公司研发机构的高层次人力资源，鼓励高等院校聘请跨国公司研发机构的高级研究人员担任客座教授等职务，建立国内高校同国际研发资源之间更为及时和密切的联系。

9. 鼓励跨国公司在上海设立企业学院，并鼓励其企业学院同研发机构相结合，为员工提供更高水平的培训。

10. 设立专门机构，建立征询制度和联系制度，采取组织跨国公司研发机构、企业、科研院所和高校的相关人员参加座谈会、到各种研发机构调研等形式，定期调查这些机构在开展研发活动方面的需求，及时发现问题，以更好地为各类机构服务，并为各类机构加强合作提供信息支持。

专栏10-4　对德国创新系统调查的若干结论

不同公司的需求与不足是不同的。大公司比中小公司利用创新系统的强度更高。中小企业更偏重非正式的交流，喜爱个人之间的接触和自由独立的工作方式。

公司之间或公司与研究机构之间的技术转移与合作都以信任和

经验为基础。学术界与工商界之间紧密的社会结合非常关键。直接接触与非正式的网络构成了创新系统中科学发现与技术知识转移的主要渠道。因此，灵活的、非中心化的、非正规的技术转移可以最有效地促进这种非正式网络的建立与稳定。

对于中小企业而言，有效的技术转移政策不会代替对研发的资助，而只是一种补充。市场机制对于协调知识与技术的转移作用很有限。因此，技术转移奖励的目的不应该是对市场失败的补偿，而应该是在创新过程中帮助企业跨越基础研究阶段和技术开发阶段之间的界限。

大学与产业之间的合作成功，对以后产业界与大学合作的态度是决定性因素。通常对于加速技术转移的建议是设立中介者以加速大学与产业之间的联系，这种思路的关键在于补充研究机构参与工业促进的能力与知识。而实际上，经验研究表明，成功的技术转移，关键在于创新公司的自我组织管理活动。因此对技术转移活动的有效促进，在于建立长期稳定的公司之间和公司与学术界之间的合作关系，在于促使公司有效地参与到国家创新系统中去。

资料来源：曾国屏、李正风：《世界各国创新系统——知识的生产、扩散与利用》，山东教育出版社，1999 年 5 月版。

四、提高本土研发机构的管理水平，降低
本土研发资源逆向扩散的风险

1. 组织专项课题研究，调查和总结跨国公司研发管理的方法和经验，形成具有可操作性的专题报告，向本土企业推广，提高本土研发机构组织和管理研发活动的能力和水平。

2. 设立知识产权培训和服务机构，主动为跨国公司研发机构同

本土合作中发生的知识产权问题提供咨询等服务。此类知识产权服务机构的作用主要有：（1）为本土研发主体提供培训和专业服务，帮助本土研发主体提高知识产权保护意识和进行知识产权保护的能力；同时，这类知识产权服务机构还应为跨国公司研发机构遇到的知识产权问题提供帮助。（2）研究跨国公司研发机构与本土合作中涉及的知识产权问题，帮助设计更加科学合理的知识产权划分制度。新加坡在知识产权服务方面有较好的经验。为了加强对公共研究所专利资本的管理，鼓励多出专利，2002年新加坡科研局成立了技术开发公司，专门帮助和指导研究所专利的申请和推销。结果，当年共申请专利936项、批准451项，分别是1996年的3.16倍和5.09倍。

参考文献

［1］［澳］Mark Dodgson，Roy Rothwell 编，陈劲等译（2000），创新聚集——产业创新手册，北京：清华大学出版社。

［2］［美］埃弗雷特．M. 罗杰斯著，辛欣译（2002），创新的扩散，北京：中央编译出版社。

［3］［美］安纳利·萨克森宁著，曹蓬、杨宇光等译（1999），地区优势：硅谷和 128 公路地区的文化与竞争，上海：上海远东出版社。

［4］［美］安娜李·萨克森尼安（2001），班加罗尔：印度的硅谷，经济社会体制比较，2，pp. 24 - 30。

［5］［意］安娜·格兰多里主编，刘刚等译（2005），企业网络：组织和产业竞争力，北京：中国人民大学出版社。

［6］安同良（2004），企业技术能力发展论——经济转型过程中中国企业技术能力实证研究，北京：人民出版社。

［7］［美］巴里·诺顿主编，贾宗谊、贾志天译（1999），经济圈——中国大陆、香港、台湾的经济和科技，北京：新华出版社。

［8］［美］乔治·泰奇著，苏竣、柏杰译（2002），研究与开发政策的经济学，北京：清华大学出版社。

［9］［印度］拉菲克·多塞尼（2000），印度的高科技发展和风

险资本的方式，经济社会体制比较，2，pp. 56 – 64。

[10]《中国科技发展研究报告》研究组（2000），中国科技发展报告（2000）——科技全球化及中国面临的挑战，北京：社会科学文献出版社。

[11] 蔡北华主编（1989），新加坡、南朝鲜、香港、台湾经济研究，上海：上海社会科学出版社。

[12] 蔡秀玲（2002），台湾科技与产业发展策略论析，福建省社会主义学院学报，2，pp. 36 – 38。

[13] 长城企业战略研究所（1998），跨国公司在华 R&D 投资分析，中国软科学，8，pp. 53 – 56。

[14] 长城企业战略研究所（2002），R&D 拥抱中国：跨国公司在华 R&D 的研究，南宁：广西人民出版社。

[15] 陈恩（2002），台湾科技产业发展策略管窥，科技进步与对策，2，pp. 65 – 67。

[16] 陈劲，宋建元编著（2003），解读研发——企业研发模式精要，北京：机械工业出版社。

[17] 陈晓枫（1999），技术溢出效应的产生及影响因素，福州大学学报（社会科学版），4，pp. 31 – 35。

[18] 楚天骄（2007），跨国公司在发展中国家 R&D 投资的区位模式研究，上海：上海社会科学院出版社。

[19] 楚天骄，杜德斌（2006），跨国公司研发机构与本土互动的原理与机制研究，中国软科学，2，pp. 78 – 82。

[20] 楚天骄，宋韬（2006），跨国公司在发展中国家 R&D 投资的空间格局及其成因研究，经济地理，1，pp. 45 – 51。

[21] 楚天骄，杜德斌（2006），中国 R&D 投资环境的竞争力评

价，研究与发展管理，1，pp. 87 - 92。

［22］楚天骄（2005），跨国公司在印度 R&D 投资的区域效应，亚太经济，4，pp. 65 - 69。

［23］楚天骄，杜德斌（2005），世界主要国家（地区）R&D 投资环境评价，软科学，3，pp. 24 - 29。

［24］楚天骄，杜德斌（2004），跨国公司 R&D 全球化研究的热点与展望，软科学，4，pp. 69 - 73。

［25］杜德斌等（2009），跨国公司在华研发：发展、影响及对策研究，北京：科学出版社。

［26］范陈泽，高山行（2003），跨国公司中的技术溢出效应述评，科学学与科学技术管理，11，pp. 45 - 49。

［27］傅德棣主编（1993），国外高技术及其产业政策剖析，北京：地震出版社。

［28］傅家骥主编（1998），技术创新学，北京：清华大学出版社。

［29］官振萱（2002），外商新一波"台湾热"，［台湾地区］天下杂志，10，pp. 108 - 120。

［30］胡志坚主编（2000），国家创新系统：理论分析与国际比较，北京：社会科学文献出版社。

［31］霍福广，陈建新等（2004），中美创新机制比较研究，北京：人民出版社。

［32］［英］克利斯·弗里曼，罗克·苏特著，华宏勋、华宏慈等译（2004），工业创新经济学，北京：北京大学出版社。

［33］联合国开发计划署（2001），2001 年人类发展报告：让新技术为人类发展服务，北京：中国财政经济出版社。

[34] 联合国工业发展组织（2003），2002/2003 工业发展报告：通过创新和学习参与竞争，北京：中国财政经济出版社。

[35] 李平（1999），技术扩散中的溢出效应分析，南开学报，2，pp. 28 - 33。

[36] 李平（1998），技术扩散理论及实证研究，太原：山西经济出版社。

[37] 刘林森（2002），印度软体业何以赢得国际市场，经济报道，7，pp. 40 - 41。

[38] 刘霜桂（2002），台湾的半导体产业，海峡科技与产业，3，pp. 34 - 35。

[39] 刘秀玲（2003），国际直接投资与技术转移，北京：经济科学出版社。

[40] 柳卸林（1993），技术创新经济学，北京：中国经济出版社。

[41] ［美］罗伯特·布德瑞（2003），企业研究院，北京：中信出版社。

[42] 罗伟，连燕华，方新（1996），技术创新与政府政策，北京：人民出版社。

[43] 马松尧（2004），技术中介在国家创新系统中的功能及其体系构建，中国软科学（1）。

[44] Roman Boutellier，OliverGassmann（2002），未来竞争的优势——全球研发管理案例研究与分析，广州：广东经济出版社。

[45] 盛亚（2002），技术创新扩散与新产品营销，北京：中国发展出版社。

[46] 石定寰（1999），国家创新系统：现状与未来，北京：经

济管理出版社。

[47] 史纪新（1998），知识经济时代的跨国公司投资新趋势与经济全球化，科技与经济，S1，pp. 120 – 124。

[48] 世界银行（1999），1998/1999 年世界发展报告：知识与发展，北京：中国财政经济出版社。

[49] 王春法（2000），技术扩散的三个特点——跨国公司与国际技术转移，瞭望新闻周刊，16，pp. 18 – 19。

[50] 王春法（2001），科技全球化浪潮中的发展中国家，世界经济与政治，9，pp. 40 – 45。

[51] 王春法（2000），经济全球化背景下的科技竞争之路，北京：经济科学出版社。

[52] 王缉慈等（2001），创新的空间——企业集群与区域发展，北京：北京大学出版社。

[53] 王志乐（1996），世界著名跨国公司在华投资调研报告，中外管理导报，1，pp. 34 – 37。

[54] 王恕立，张吉鹏，罗勇（2002），国际直接投资技术溢出效应分析与中国的对策，科学进步与对策，3，pp. 56 – 59。

[55] 吴贻康（2000），外国在中国兴办研究开发机构的调查研究，中国软科学，1，pp. 64 – 66。

[56] 夏国藩（1993），技术创新与技术转移，北京：航空工业出版社。

[57] ［瑞典］西格法德·哈里森著，华宏慈、李鼎新、华宏勋译（2004），日本的技术与创新管理——从寻求技术诀窍到寻求合作者，北京：北京大学出版社。

[58] 许庆瑞（1986），研究与发展管理，北京：高等教育出

版社。

［59］薛澜，王建民（1999），知识经济与 R&D 全球化：中国面对的机遇和挑战，国际经济评论，3，pp. 24 – 28。

［60］薛澜，王书贵，沈群红（2001），跨国公司在中国设立研发机构影响因素分析，科研管理，4，pp. 32 – 43。

［61］张殿文（2002），矽谷人才第二波回流，［台湾地区］天下杂志，2，pp. 94 – 104。

［62］张文忠，张军涛（1999），经济学和地理学对区位论发展轨迹的影响，地理科学进展，3，pp. 54 – 59。

［63］张诚，张艳蕾等（2001），跨国公司的技术溢出效应及其制约因素，南开经济研究，1，pp. 99 – 104。

［64］郑德渊，李湛（2002），R&D 的溢出效应研究，中国软科学，9，pp. 77 – 82。

［65］郑京淑（2000），跨国公司海外研发机构的区位研究，世界地理研究，1，pp. 10 – 16。

［66］朱丽兰主编（2000），海外技术创新参考读本，北京：新华出版社。

［67］王毅（2004），企业核心能力与技术创新战略，北京：中国金融出版社。

［68］文嫣（2005），嵌入全球价值链的中国地方产业网络升级机制的理论与实践研究，华东师范大学博士论文。

［69］Colombo, Massimo G. and Rocco Mosconi（1995），Comlementarity and Cumulative Learning Effects in the Early Diffusion of Multiple Technologies, The Journal of Industrial Economics, Vol. Xliii, No. 1, March.

［70］ Brown L. Innovation Diffusion, London: Metheun, 1981.

［71］ Amsden, A. H. , Tschang, T. , Goto, A. (2001), Do Foreign Companies Conduct R&D in Developing Countries? ADB Institute Working Paper 14, Tokyo.

［72］ Bartlett, Ch. A. , Ghoshal, S. (1989), Managing Across Boarders, the Transnational Solution, Boston: Harvard University Press.

［73］ Basnat, P. , Fikkert, B. (1996), The Effects of R&D, Foreign Technology Purchase and Spillovers on Productivity in Indian Firms, Review of Economics and Statistics. LXXVIII (2), pp. 187 – 198.

［74］ Behrman, J, Fischer, W. (1980), Transnational Corporations: Market Orientations and R&D Abroad. Columbia Journal of World Business, 15, pp. 55 – 60.

［75］ Bhaumik, S. K. , Beena, P. L. (2003), Survey of FDI in India, DRC Working Paper, April.

［76］ Cantwell, J. A. , Janne O. (1999), Technological Globalisation and Innovative Centres: The Role of Corporate Technological Leadership and Locational Hierarchy. Research Policy, 28, pp. 119 – 144.

［77］ Cantwell, J. A. & S. Iammarino (1998), MNCs, Technological Innovation and Regional Systems in the EU: Some Evidence in the Italian Case. International Journal of the Economics of Business, 3, pp. 383 – 408.

［78］ Cantwell, J. A. (1989), Technological Innovation and Multinational Corporations. Basil Blackwell: Oxford.

［79］ Cantwell, J. A. (1995), The Globalisation of Technology: What Remains of the Product Cycle Model? Cambridge Journal of Economics, 19, pp. 155 - 174.

[80] Chen Sh. , Liu M. C. , Shih, H. T. (2003), R&D Service and Global Production Networks: A Taiwan Perspective. East-West Center Working Paper, Economics Series, No. 52, March.

[81] Chen, Y. (2006), Changing the Shanghai Innovation Systems: The Role of Multinational Corporations R&D Centres. Science Technology and Society, 11 (1), pp. 67 - 107.

[82] Chiesa, V. (1995), Globalizing R&D Around Centres of excellence. Long Range Planning, 28, pp. 19 - 28.

[83] Cohen, W. M. , Levinthal (1989), Innovationa and Learning: The Two faces of R&D-Implications for the Analysis of R&D Investment, Economic Journal, 99, pp. 569 - 596.

[84] Connor, K. R. , Prahalad, C. K. (1996), A Resource-based Theory of the Firm: Knowledge vs. Opportunism, Organization Science 7, pp. 477 - 501.

[85] David S. (1979), The diffusion of process innovation, Cambridge University Press.

[86] Stoneman P. (1983), The economic analysis of technological change, Oxford University Press.

[87] Dunning, J. H. (1994), Multinational Enterprises and the Globalization of Innovatory Capacity. Research Policy, 23, pp. 67 - 88.

[88] Elder, J. (2008), Creative Internationalization: Widening the Perspectives on Analysis and Policy Regarding International R&D Activities. Journal of Technology Transfer, 33 (4), pp. 337 - 352.

[89] Economist Intelligence Unit. (2007), Sharing the idea: The e-

mergence of Global Innovation Networks.

［90］Fang, S. C. , Lin, J. L. , et al. (2002), The Relationship of Foreign R&D Units in Taiwan and The Taiwanese Knowledge-flow System, Technovation (22), pp. 371 – 383.

［91］Feinberg S. E. (2000), The International R&D Location Choices of U. S. Multinationals. Academy of Management Best Paper Proceedings: D1 – D6.

［92］Feinberg, S. E, Majumdar, S. (2001), Technology Spillovers in the Indian Pharmaceutical Industry. Journal of International Business Studies, 32, pp. 421 – 437.

［93］Feldman, M. P. (1984), The Geography of Innovation, Kluwer Academic Publishiers, Netherlands.

［94］Fisher, W. A. , Behrman, J. N. (1979), The Coordination of Foreign R&D Activities by Transnational Corporations. Journal of International Business Studies 10 (3), pp. 28 – 35.

［95］Fors, G. , Zejan, M. (1996), Overseas R&D by Multinationals in Foreign Center of Excellence, Working Papers No. 11, March. Stockholm School of Economics.

［96］Gassmann, O. and Zedtwitz, M. von (1999), New Concepts and Trends in International R&D Organization, Research Policy, 28, pp. 231 – 250.

［97］Ghoshal, S. , Bartlett, Ch. A. (1990), The Multinational Corporation as an Interorganizational Network, Academy of Management Review, 51, pp. 603 – 625.

［98］Hirschey, R. C, Caves, R. E. (1981), Research and Transfer of Technology by Multinational Enterprises. Oxford Bulletin of Economics and Statistics, 43, pp. 115 – 130.

[99] Hsu, C. W, Chiang, H. C. (2001), The Government Strategy for the Upgrading of Industrial Technology in Taiwan, Technovation, 21, pp. 123 – 132.

[100] Ireland N, Stoneman, P. (1997), Technological diffusion, expectation and welfare, Oxford Economic Papers.

[101] Kafouros, M. I. (2008), The role of Internationalization in Explaining innovation performance. Technovation, 28 (1 – 2), pp. 63 – 74.

[102] Kogut, B. , Zander, U. (1992), Knowledge of the Firm, Combinative Capabilities, and the Replication of Technology, Organization Science 3, pp. 383 – 397.

[103] Kuemmerle, W. (1999), Foreign Direct Investment in Industrial Research in the Pharmaceutical and Electronics Industries—Results From a Survey of Multinational Firms. Research Policy 28: 179 – 193.

[104] Kumar, N. (1995), Intellectual Property Protection, Market Orientation and Location of Overseas R&D Activities by Multinational Enterprises. World Development, 24, pp. 673 – 688.

[105] Kumar, N. (1997), Technology Generation and Technology Transfers in the World Economy: Recent Trends and Implications for Developing Countries, Discussion Papers 02, Untied Nations University, Institute for New Technologies, http: //www. intech. unu. edu.

[106] Kumar, N. (1998), Globalisation, Foreign Direct Invest-

ment and Technology Transfers: Impacts on and Prospects for Developing Countries, London and New York: Routledge.

[107] Lall, S. (1979), The International Allocation of Research Activity by US Multinationals. Oxford Bulletin of Economics and Statistics, 41, pp. 313 -331.

[108] Lehrer, M., Asakawa, K. (2002), Offshore Knowledge Incubation: the "Third Path" for Embedding R&D Labs in Foreign Systems on Innovation. Journal of World Business, 127, pp. 1 - 10.

[109] Liu, M., Chen, S. H., Lin, Y. J. (2002), The Trend of R&D Internationalization and Strategies of Attracting MNCs to Set up R&D Facilities in Taiwan, final report to the Department of Industrial Technology, Ministry of Economic Affairs; Taupei: Chung-Hua Institution for Economic Research.

[110] Mansfield, E., Teece, D., Romeo, A. (1979), Overseas Research and Development by U. S. -Based Firms. Economica. Vol. 46, pp. 187 - 196.

[111] Mansfield, E. (1994), Intellectual Property Protection, Foreign Direct Investment, and Technology Transfer. (IFC discussion papers, No. 19). Washington, D. C. : The World Bank.

[112] Mrinalini, N and Wakdikar, S (2008): "Foreign R&D centres in India: Is there any Positive Impact?", Current Science, Vol94, NO 4, pp. 452 -458.

[113] Niosi J. (1999), The Internationalization of Industrial R&D. Research Policy 28: 107 - 117.

[114] OECD (1998), Internationalization of Industrial R&D, Pat-

terns and Trends, Paris: OECD.

[115] Patel, P. , Pavitt, K. (1998), National Systems of Innovation Under Strain: The Internationalization of Corporate R&D, SPRU Working Paper Series, 22, pp. 1 - 27.

[116] Saxenian, A. (1994), Regional Advantage. Culture and Competition in Silicon Valley and Route 128. Cambridge MA and London, Harvard University Press.

[117] Serapio, M. G. Jr. , Dalton, D. H. , Yoshida, PG. (2000), Globalization of R&D Enters New Stage as Firms Learn to Integrate Technology Operations on World Scale. Research-Technology Management, 2, pp. 366 - 380.

[118] ROTH WELLR. (1994), Towards the Fifth generation Innovation Process [J]. International Marketing Review, 11 (1), pp. 7 - 31。

[119] United Nations (2001), World Investment Report: Promoting Linkages 2001, United Nations, New York and Geneva.

[120] von Zedtwita, M. , Gassmann, O. (1999), New Concepts and Trends in International R&D Organization. Research Policy, 28, pp. 231 - 250.

[121] Wong, P. K. (2002), R&D Investment by Foreign MNCs in Sigapore: Trends and Influencing Factors, International Conference on "The Dynamics of Industrial Technology Innovation and Its Comparative Advantages among Asia-Pafic Economics", August, Taibei, p. 23.

[122] Zander U, Kogut B. (1995), Knowledge and the Speed of the Transfer and Imitation of Organizational Capabilities. Organization Science, 6, pp. 76 - 92.

图书在版编目（CIP）数据

促进跨国公司研发机构与本土互动及技术扩散研究 / 楚天骄著. —北京：中国法制出版社，2013.7
（新世纪学术文库）
ISBN 978 - 7 - 5093 - 4672 - 3

Ⅰ.①促… Ⅱ.①楚… Ⅲ.①跨国公司 - 技术开发 - 研究 - 中国 Ⅳ.①F279.247

中国版本图书馆 CIP 数据核字（2013）第 145046 号

策划编辑 马 颖　　　　责任编辑 马 颖　　　　封面设计 蒋 怡

促进跨国公司研发机构与本土互动及技术扩散研究
CUJIN KUAGUO GONGSI YANFA JIGOU YU BENTU HUDONG JI JISHU KUOSAN YANJIU

著者/楚天骄
经销/新华书店
印刷/三河市紫恒印装有限公司

开本/880×1230 毫米　32　　　　　　印张/7.75　字数/180 千
版次/2013 年 7 月第 1 版　　　　　　2013 年 7 月第 1 次印刷

中国法制出版社出版
书号 ISBN 978 - 7 - 5093 - 4672 - 3　　　　　　　　定价：30.00 元

北京西单横二条 2 号　邮政编码 100031　　　　　传真：010 - 66031119
网址：http://www.zgfzs.com　　　　　编辑部电话：010 - 66034242
市场营销部电话：010 - 66033296　　　　　邮购部电话：010 - 66033288